Le petit chat est mort

Du même auteur, sur la vie et l'œuvre de Vincent :

L'affaire Gachet, l'audace des bandits
Editions du Layeur, Paris, 1999 / CreateSpace, 2015

Vincent avant Van Gogh, l'affaire Marijnissen
Les Impressions Nouvelles, Bruxelles, 2003

Van Gogh : Original oder Fälschung ?- Der Streit um die Sammlung Marijnissen
Rogner und Bernhard Verlag, Hamburg, 2004

La folie Gachet – Des Van Gogh d'outre-tombe
Les Impressions Nouvelles, Paris, 2009

Quatre faux Van Gogh d'Arles parlent
CreateSpace, France, 2014

Et Vincent s'est tu
CreateSpace, France, 2014

La fabuleuse histoire du Jardin à Auvers
CreateSpace, France, 2014

Un Van Gogh aux orties
CreateSpace, France, 2014

Vincent et les mystagogues
CreateSpace, France, 2015

Quand tout bascule
CreateSpace, France, 2016

Toute ressemblance serait fortuite
CreateSpace, France, 2016

En collaboration avec Hanspeter Born :

– Die verschwundene Katze
Echtzeit Verlag, Bâle, 2009

– Schuffenecker's Sunflowers & Other van Gogh Forgeries
CreateSpace & Kindle Direct Publishing, 2014

Table des matières

Le petit chat est mort

Benoit Landais

Quatrième édition, 20 décembre 2018

Copyright © 2016-2018, by Benoit Landais

Tous droits réservés pour tous pays.

AVERTISSEMENT

Il est, dans ces pages, beaucoup question des écrits de feu M. Ronald Pickvance. Elles ont été rédigées avant l'affaire des 65 faux dessins dont il a inconsidérément garanti l'authenticité en préface du *Brouillard d'Arles* publié aux éditions du *Seuil* en novembre 2016. Au moment de les relire, il serait avantageux de mettre à profit le discrédit qui le frappe. Il n'en sera évidemment rien.

Quel peintre !
Quand on comprendra la Royauté de cette peinture,
on pourra dire avec Villon :
Gloire donc à Van Gogh !
Les murs de Bernheim éclatent comme une fanfare.

Maurice Fabre, 1901

Déclaration d'intérêt public

Quelle importance? Sporadiquement des oeuvres sont déclassées, bénéficient d'une nouvelle attribution, parfois en charrette, dans la plus grande indifférence. De fait, un, trois, dix Van Gogh de plus ou de moins, un faux perdant sa cimaise ne change pas la face du peintre. On oublie.

Au moment où on les enterre, ce qui a conduit au trépas paraît anecdotique, lointain. Et nous n'en sommes pas encore là, seulement à la compilation des pièces du dossier. Au diagnostic. A l'instruction.

Petit regain de curiosité, l'objet du délit est cette fois célèbre. Il pèserait, selon une estimation basse, et pour donner des repères, cinquante mille mois du salaire mensuel médian français, le dédommagement net de cent vies de labeur continu. Son crash équivaudrait à celui de 3777 voitures neuves, au prix moyen actuel. Pratiquement une bande continue de billets de 10 euros de Paris à New York, aller et retour.

Ce n'est pourtant pas l'intérêt. Une copie que personne n'a vu naître, plus âgée que le doyen de l'humanité, fabriquée en secret, a paradé un siècle durant et parade toujours, abusivement prise pour un Van Gogh authentique. Des droits sont perçus pour la montrer sous ce nom et sa «valeur» augmente d'un iota avec chaque visiteur satisfait. Quelques complicités ont été nécessaires pour ce joli commerce.

Montrer qu'il s'agit d'une imposture, dire comment elle a été ourdie, par qui, comment elle su triompher des diverses embûches rencontrées en chemin est l'occasion d'une intéressante plongée dans le monde de l'art, marché aussi secret que radieux qui n'est pas devenu sans raisons, avec celui des armes ou de la drogue, du médicament ou de la prostitution, le plus lucratif des trafics.

Un faux Van Gogh. — On a examiné dernièrement deux tableaux de Van Gogh, absolument pareils, connus sous le nom de *Jardin de Daubigny*. L'un de ceux-ci avait été acquis en 1929 pour vingt mille livres sterling pour la Galerie nationale de Berlin. Vincent Van Gogh passe, en effet, pour avoir peint un tableau intitulé *Jardin de Daubigny*, peu de temps avant son suicide en 1890. Or un collectionneur suisse de Bâle possède également un tableau sur le même sujet, qu'il croit être le Van Gogh original. Il a apporté dernièrement sa peinture à la Galerie nationale de Berlin pour faire authentifier l'un des deux tableaux.

Ceux-ci ont été examinés par le moyen des rayons x et des lampes à quartz. Les experts ont décidé que le tableau original était celui qui appartient à la Galerie nationale.

Les numéros en indice qui suivent les citations renvoient à la nouvelle nomenclature de la Correspondance *mise en ligne en 2009* (http://vangoghletters.org) *et à ses commentaires ; précédés d'un b, à ceux des archives de la Fondation Van Gogh. Suivant la mention d'œuvres, ils renvoient à la nomenclature du catalogue raisonné de Jacob Bart de la Faille. Les numéros en exposant renvoient aux notes de bas de page.*

Les propos de Vincent figurent en italique. Les aléas d'orthographe ou de ponctuation qui semblaient sans intérêt n'ont pas toujours été maintenus. Les manuscrits en ligne permettent les vérifications.

1

Les experts ont décidé…

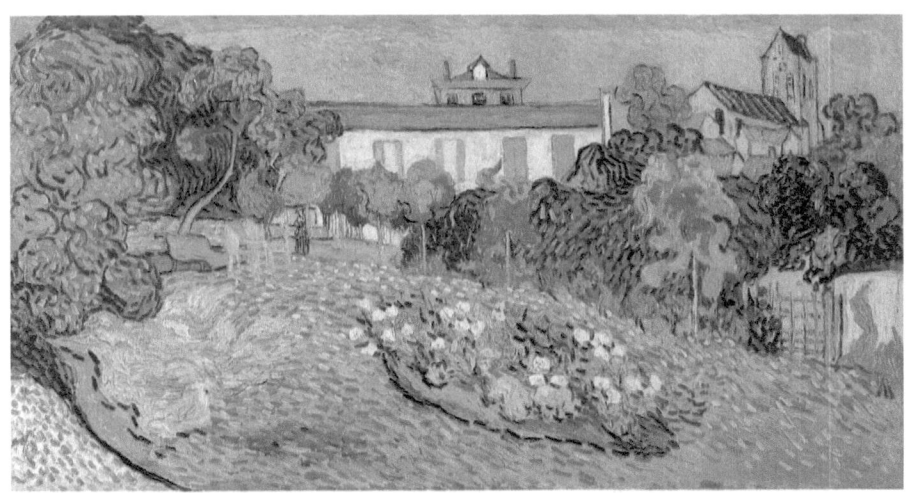

Journal des débats, 15 avril 1936. «*Un faux Van Gogh*. On a examiné dernièrement deux tableaux de Van Gogh exactement pareils, connus sous le nom de *Jardin de Daubigny*. L'un de ceux-

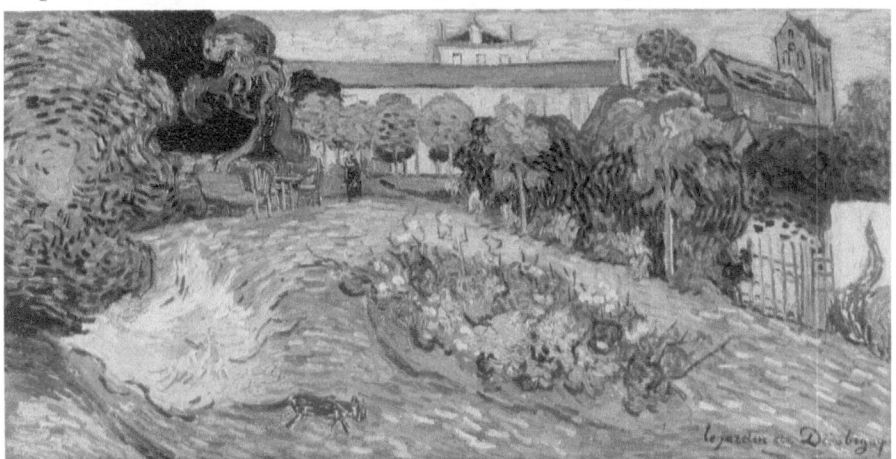

ci avait été acquis en 1929 pour vingt mille livres sterling pour la Galerie nationale de Berlin. Vincent Van Gogh passe en effet pour avoir peint un tableau intitulé *Jardin de Daubigny,* peu de temps avant son suicide en 1890. Or un collectionneur suisse de Bâle possède également un tableau sur le même sujet, qu'il croit être le Van Gogh original. Il a apporté dernièrement sa peinture à la Galerie nationale de Berlin pour faire authentifier l'un des deux tableaux. Ceux-ci ont été examinés par le moyen des rayons X et des lampes à quartz. Les experts ont décidé que le tableau original était celui qui appartient à la Galerie nationale. »

La cohérence de l'entrefilet, deux tableaux « de Van Gogh » dont un ne serait pas de lui, laisse autant à désirer que l'éventualité de deux tableaux *exactement pareils* d'un artiste chevronné, mais le lecteur pouvait au moins deviner qu'il n'existait qu'une place pour deux toiles et que les experts avaient *décidé* laquelle devait l'occuper.

Précisément quatre-vingts années plus tard, le 20 octobre 2016, le lecteur du *New York Times* pouvait retrouver les « Van Gogh » rivaux du *Journal des débats.* Tous deux étaient devenus également authentiques. L'un, la version bâloise₇₇₇ recalée à Berlin en 1934, « montre davantage le jardin et la maison, avec un chat noir au premier plan et Madame Daubigny en arrière-plan, il est prêté à l'exposition par la collection Rudolph Stachelin. » L'autre, l'ancienne version de la *Nationalgalerie,*₇₇₆ « était celui qu'il avait donné à la veuve de Daubigny. Il ne fera pas partie de cette exposition, mais le musée Van Gogh inclura la lettre écrite par Vincent le 23 juillet […] avec un croquis du jardin qu'il décrit comme « une de mes toiles les plus voulues ». Ce sera la dernière lettre écrite à son frère à six jours de sa mort. »

Autre temps autres moeurs, les experts de maintenant ont donc décidé autre chose que ce que les experts avaient jadis décidé. L'article du *New York Times* ne s'inquiétait pas de dire comment :

« *C'est une de mes toiles les plus voulues* » pouvait renvoyer à deux toiles exactement pareilles. Cardinal, le dictionnaire s'amuse pourtant à illustrer le sens de « un » : « Ramasser un caillou (et non pas deux ou trois) ». Mais l'histoire de l'art a ses propres raisonnements, ses époques, ses experts, ses rythmes et elle parvient parfois à donner l'illusion formidable qu'il faut croire en *deux* quand il est écrit *un*. Croire à la Trinité, au besoin.

L'histoire de l'art se trompe et trompe parfois. Les vérités qu'elle énonce dépendent des préoccupations du moment. Si, au milieu des années 1930, il fallait protéger un marché de l'art regorgeant de faux Van Gogh pour que le commerce ne meure, il faut aujourd'hui montrer partout et sans cesse les « Van Gogh » qui raviront des visiteurs se pressant par millions pour contempler les chefs-d'oeuvre du peintre qui fut le plus cher du monde.

Parfois une voix s'élève qui rappelle des évidences et y va de prophéties, telle celle, presque centenaire, de Guy de la Brosse à propos d'une série de faux Van Gogh : « Au fait, l'importance de cette affaire ne serait point énorme si la spéculation ne s'était pas mêlée depuis longtemps à la peinture et n'avait fait coter à des prix « extravagants » des oeuvres que l'artiste n'aimait pas de son vivant. Il est évident que cette ingérence de la finance dans l'art apportera d'autres surprises. »[1]

Grande fille émancipée, l'histoire de l'art n'a besoin des conseils de personne, sauf peut-être des lumières de *managers*, d'aigles de la communication et du *show business* visant des résultats, se fixant des objectifs à tenir, en vue d'une réussite qui se mesure en lignes de budgets et en nombre d'entrées. Les nouveaux princes de cette culture-là sont une grande famille, chacun y fréquente, recopie son distingué collègue et respecte une hiérarchie du pouvoir prise pour l'échelle du savoir, comme dans la médecine d'il y a deux siècles.

---

1. *Le Petit parisien,* 29 novembre 1928

Modeste inconvénient, les autorités n'abusent la foi publique que lorsqu'ils se méprennent.

Ces pages n'entameront pas les certitudes de clercs trop persuadés de leur éminence pour seulement concevoir qu'ils auraient pu se fourvoyer. Leurs cerbères veillent, à qui il serait bien illusoire d'espérer faire entendre raison. Le combat étant par trop inégal, l'ambition est plus modeste, entretenir le petit feu. Un de mes professeurs de jadis avait coutume de dire que les livres offraient aux lecteurs l'incomparable bonheur d'avoir le sentiment de délivrer, de devenir savant en secret, pour soi, et que le ferment de mots éclairants avait pour apanage de ne se perdre pas.

Puissent les lecteurs de ces pages avoir le sentiment de découvrir pourquoi le *Jardin de Daubigny* naguère rejeté par quelques experts vigilants, qui ignoraient l'essentiel de ce qui permet aujourd'hui de confondre les auteurs de la manigance, est d'une fausseté certaine. Puissent-ils mesurer qu'en art, comme en bien d'autres domaines, on abuse trop facilement la confiance de ceux que l'on entend guider. Puissent-ils découvrir comment une machination à peine sophistiquée a mystifié un monde de l'art disposé à tout prendre pour argent comptant.

Un auteur voulait qu'on ne fasse pas de littérature avec de bons sentiments, sans doute avait-il ses raisons d'ainsi légiférer. Un autre, réclamait que l'on sache dire aux oeuvres : « Après vous ». Un troisième souhaitait que l'écriture soit « au service de la vérité ». Essai.

2

Experts et marché

Et pourquoi le ferme déclassement unanime berlinois ne compta plus soudain pour rien ?

C'est que, l'année suivante, le pouvoir nazi, légiférant en art, avait décrété l'art moderne «dégénéré». Hitler est au pouvoir depuis quatre ans, 35 directeurs et responsables des musées allemands ont perdu leur place, quand se tient, à Munich en juillet 1837, inaugurée par un discours enflammé du gesticulant *Führer*, la première des grandes manifestations dénigrant l'*entartete kunst* qui accueilleront les visiteurs par millions. Des milliers d'oeuvres d'art moderne ont été décrochées des musées d'Etat et les promoteurs de la *modernité* sont partout défaits.

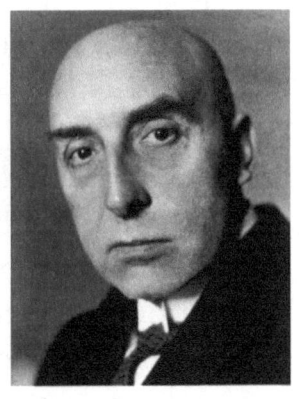

Le *Jardin de Daubigny*,[776] que Ludvig Justi avait acheté pour 240 000 marks-or en 1929, sera au nombre des oeuvres pillées par les nouveaux maîtres. Herman Goering qui l'a emprunté le vendra, via le marchand Sepp Angerer, pour quelque 150 000 marks, en même temps que le *Portrait du docteur Gachet*[754] de Vincent et la *Carrière de Bibemus* de Paul Cézanne. L'acquéreur, le 21 mai 1938, était le banquier collectionneur d'estampes Franz Koenigs, réfugié aux

Pays-Bas, naturalisé sujet néerlandais en 1939, qui faisait encore quelques affaires avant d'être suicidé, renversé par un train en gare de Cologne, par la Gestapo en 1941.

En dépôt à la galerie Cassirer d'Amsterdam, dirigée par Walter Feilchenfeldt, pour le compte du banquier Siegfried Kramarsky, le *Jardin*$_{776}$ partira pour New York en août 1939. Il sera exposé à Montréal, Cleveland ou New York, puis vendu en 1974 par Lola Kramarsky, via la maison Rosenberg et Sietbel, au musée de Hiroshima.[2] Il sera, longtemps plus tard, réclamé par les héritiers de Koenigs.

L'Allemagne ainsi dépossédée de ses oeuvres et de ses connaisseurs, Jacob Bart de la Faille, spécialiste hollandais et auteur du monumental catalogue raisonné des oeuvres de Van Gogh publié en 1928, aurait pu reprendre le flambeau. Las, il avait souffert mille misères et ne savait plus distinguer un Vincent d'une reprise par un imitateur, si toutefois il avait jamais su faire la différence. L'humiliation, la sienne et celle d'une vingtaine d'experts et marchands, avait été publique. Quelque 33 faux, assez éloignés de 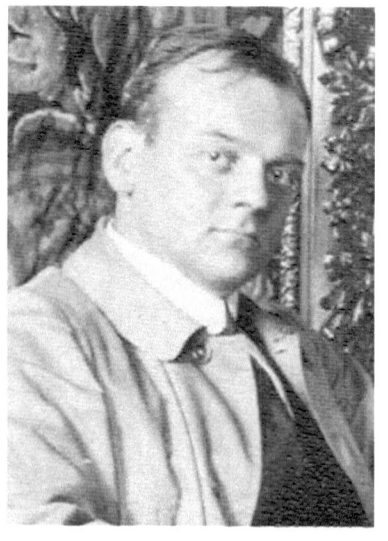 l'art de Vincent, qui distraient encore parfois un spécialiste ou l'autre, étaient apparus sur le marché allemand à la fin des années vingt. La galerie Matthiesen, qui avait dû rembourser 150 000 marks à des clients, avait porté plainte. Otto Wacker, ancien danseur de ballet reconverti marchand d'art restera fier de n'avoir pas révélé que son père et son oncle avaient produit les niaiseries. Après quatre années d'âpres polémiques, la cour de Berlin l'avait néanmoins

2. Cinthia Saltzman, *Portrait of Dr. Gachet: The Story of a Van Gogh Masterpiece,* Viking Children's Books, 1998.

convaincu de fraude en avril 1932, puis définitivement condamné à 19 mois de prison et 30 000 marks d'amende.

Mis en cause pour avoir retenu les toiles de la collection Wacker dans son catalogue, de la Faille avait dû innover et publier un catalogue des *Faux Van Gogh* en 1930, lui permettant d'y diluer quelques-unes de ses méprises, offrant, avec 175 oeuvres reproduites, une idée de ce qui avait, ici ou là, été donné à tort pour des Vincent. A en croire la presse, la clarification n'emporta pas l'adhésion de tous : « M. Garnier [un expert d'Utrecht] ne prétend d'ailleurs pas qu'il n'y ait pas de faux Van Gogh ; il dit que dans les Van Gogh que de la Faille tient pour authentiques, il y a des faux, tandis qu'il y a des vrais Van Gogh dans la liste qu'il a établie des faux Van Gogh. Le débat, on le voit est loin d'être épuisé. »[3] Longtemps indécise la querelle entre initiés avait fait rage et avait laissé des traces. Pour de la Faille, pour d'autres experts, tous plus ou moins marchands, certains de ces faux étaient tantôt authentiques tantôt apocryphes, untel en comptait trois, l'autre en voyait cinq ou sept.

L'assurance et les tergiversations de Julius Meier-Graefe, prédécesseur et grand rival ayant établi la gloire de Vincent en Allemagne, étaient voisines. D'abord « catégorique », il avait tenté de maintenir ses certificats sous prétexte que « l'oeuvre de Van Gogh comporte des toiles si médiocres que les faux ne peuvent s'en distinguer », avant de fléchir, puis de se rétracter. Ses atermoiements furent un jour fustigés par Ludvig Justi ajoutant, « ce qu'il croit aussi... » après avoir dit que Meier-Graefe

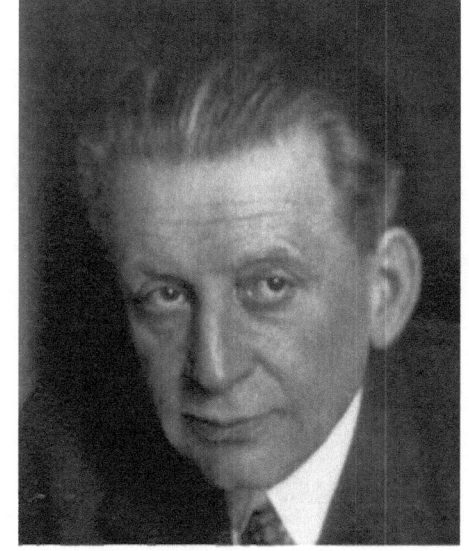

3. L'Européen, 13 septembre 1930

était considéré comme le meilleur expert de Van Gogh pour avoir écrit de gros livres. Malmené par la cour de Berlin, Meier-Graefe, avait fini par déclarer salutaire le scandale dans lequel il avait sa part. Pour lui : « qui achète des peinture sur la foi d'opinion d'expert mérite d'être trompé ». Venant d'un conseiller de tout ce que l'Allemagne comptait d'amateurs d'art moderne, l'esquive ne manquait pas de sel.

Parmi ses exploits de grand connaisseur, figure son enthousiasme débridé pour ce qu'il regardait comme le plus sublime de tous les *Autoportraits*. Il s'agissait plus modestement d'une copie maquillée[530]

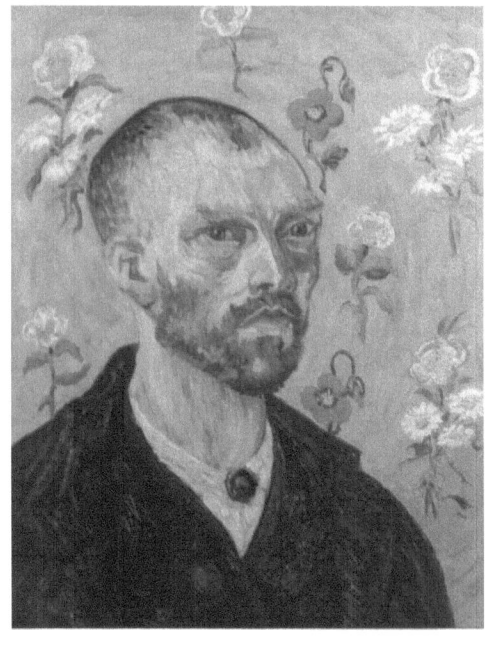

que lui avaient présentée les frères Schuffenecker.[4] Peut-être fut-ce l'une des raisons pour lesquelles il affirma, sous serment, qu'Emile Schuffenecker avait copié des Van Gogh et les avait mis sur le marché, prouesse dont personne ne s'inquiéta. Le leurre de sa clairvoyance fut si fort que la peintre Judith Gérard fut tenue pour fabulatrice lorsqu'elle protesta du mauvais sort fait à la copie de l'*Autoportrait dédicacé à Paul Gauguin*[5] qu'elle avait vendue à Amédée Schuffenecker peu avant qu'Emile ne la maquille.[6] Inébranlable dans ses convictions, de la Faille soi-même notait, dans l'édition révisée de son catalogue raisonné de 1939, que « *l'Autoportrait* », dont il maintenait l'attribution, avait « soi disant » été peint par Judith Gérard. Quarante ans plus

4. Meier-Graefe, *Entwicklungsgeschichte der modernen Kunst*, Stuttgart, 1904
5. Gaston Poulain, *Comeodia*, 10 décembre 1931
6. Judith Gérard, *Le crime de Julien Leclercq*, [1951], Arch. B. L.

tard, la copie trop vantée, au point de s'être affichée en couverture d'un ouvrage, hantait toujours les monographies.

Les dérives de l'étonnant privilège que s'étaient arrogé les experts suscitaient parfois des critiques. Ainsi de celle d'André Joubin qui recommandait de ne pas se fier aveuglément. «Au nom de la méthode critique, je fais la même réserve que précédemment, ne pouvant admettre qu'un tableau soit déclaré faux ou vrai, sans autre preuve que l'affirmation d'une personne qui se déclare expert en Van Gogh».[7] Expert un jour, expert toujours, et de tout, la mainmise ne fit que croître et embellir.

Le 11 octobre 1932, de la Faille signa un exploit sans doute inégalable, malgré les efforts d'émules.[8] Sous son autorité se dispersaient, à petits prix, chez Frederik Muller et Cie, 92 faux de différents artistes qu'il avait examinés à Bruxelles «et, pour plus de garantie, il a exigé qu'on lui indiquât la provenance»[9], note la critique rappelant le péché mignon du grand prêtre de l'expertise. Sans l'acquisition par la maison Bernheim-Jeune d'un *Matisse* bon marché, mais d'étrange facture, qu'il fallut, dit-on, rembourser, les oeuvres de Raphaël Chanterou, ancien sociétaire des *Artistes Indépendants*, Dubois plutôt, qui comptait déjà quelques exploits à son actif, dont un faux Trouillebert, étaient sans doute promises à un bel avenir.

De la Faille commençait par ailleurs à trouver des attraits à certains des Van Gogh-Wacker qu'il avait acceptés, puis rejetés. Il se ravisera une nouvelle fois dans son catalogue de 1939:

«Contrairement à ce que j'ai dit dans mon livre «Les Faux Van Gogh», je considère les numéros suivants comme des tableaux authentiques de Vincent Van Gogh. Ils proviennent de la collection Wacker, Berlin. Les experts MM. H. P. Bremmer, W.

7. *Formes*: la quinzaine, critique des livres et des revues, 25 avril 1930, p. 77
8. Le plus bel exploit recensé depuis est le carnet de 65 faux criants défendus par Bogomila Welsh et Ronald Pickvance signalé en avertissement: *Le brouillard d'Arles*, Seuil, Paris, 2016.
9. André Warnod, Le scandale d'Amsterdam, *Comœdia*, 20 novembre 1932. Et H. Tromp *op. cit.* pp. 166-168

Scherjon, Jos de Ruyter, etc. partagent mon opinion. Quant aux experts allemands ils considèrent tous ces tableaux en bloc comme faux. »[10]

Petit drame, les experts allemands avaient, en bloc, raison contre les pieds nickelés néerlandais. Les avatars n'entravaient pas la respectabilité des chambellans de l'expertise qui s'absolvaient après de pathétiques explications révélant leur approche, tel de la Faille lorsqu'il avait cru prendre conscience des faux de la collection Wacker : « Je sentis que la foi que j'avais dans leur authenticité chancelait ».[11] Ces messieurs veillaient surtout à accabler la concurrence, réclamant à l'occasion de bien opérer le distinguo entre « experts authentiques » et « occasionnels ». On saura, parfois bien plus tard, que la belle rectitude dont on se prévalait n'était jamais loin des boutiques et des intérêts bien compris.[12] Il ne s'agissait que d'individualités menant leurs affaires, sans véritable caractère organisé, l'entente mafieuse supposant l'agrément des intervenants et la prévalence de leurs intérêts communs sera postérieure.

De préférence auto-décerné, le statut d'*expert authentique* ne se gagnait qu'après avoir beaucoup disserté et avoir accumulé une impressionnante documentation susceptible d'être brandie contre les oeuvres qu'il n'était pas question de reconnaître, faute de papiers, ou en faveur de celles qu'il fallait conserver dans les nomenclatures aléatoires, faute de s'y connaître. Les amitiés avec des artistes ou des marchands, comme l'entregent, fonctionnaient dans ce petit monde comme un gage de science. Les rabatteurs recommandaient à l'amateur de « remettre ses intérêts entre les mains de tel ou tel grand marchand »,[13] de s'enquérir auprès de critiques reconnus, de recueillir l'avis de grands collectionneurs pour s'éviter des roueries toujours plus inventives.

10. Catalogue Bart de la Faille, Hypérion, 1939, p. 553.
11. Revue internationale des arts plastiques, décembre 1929.
12. Henk Tromp, *A Real Van Gogh, How the Art World Struggles with Truth*, Amsterdam University Press, 2010
13. André Warnod, *Comoedia*, 4 septembre 1928.

Avoir vu des dizaines d'oeuvres ne tenait pourtant pas à l'abri des erreurs d'appréciation. Théodore Duret, le grand critique de l'Impressionnisme et l'ami de tous, quarante ans de métier, renommée internationale, rayonnement français, se mit en tête, la vogue des Vincent venue, de rédiger pour la maison Bernheim-Jeune, qui la publie en 1916, une monographie illustrée. Un tiers des 45 illustrations

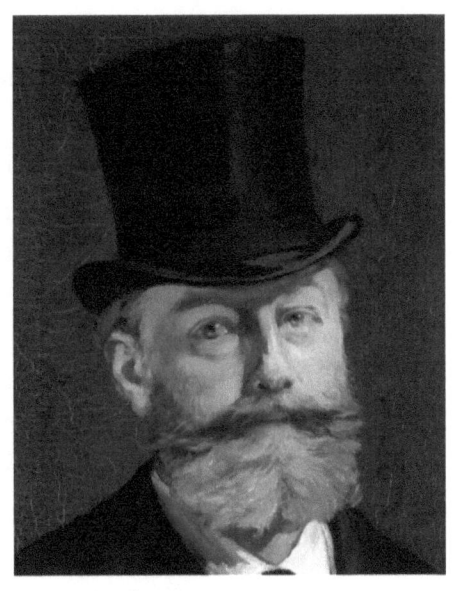

renvoyait à des oeuvres attribuées à tort à Vincent.

Deux des oeuvres reproduites ont fait partie de la collection de Louis Bernard – qui possédera également un placide *Autoportrait*,366 longtemps pris pour un « *Portrait de Theo Van Gogh* » et, la tragédie des frères Van Gogh aidant, décrit en 1911 comme une oeuvre «hallucinante et douloureuse».[14] La première est une très fausse « *Brioche et fleur* »[15] aujourd'hui déclassée. La seconde est celle qui a fait beaucoup couler

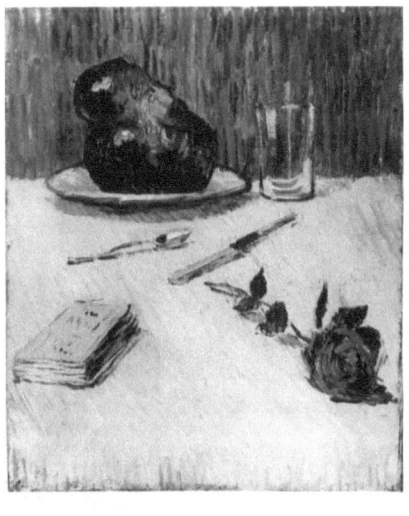

d'encre, qui fait couler celle-ci, qui en fera beaucoup couler encore : *Le jardin de Daubigny.*777

Ce *Jardin* va être acquis par les marchands Josse et Gaston Bernheim-Jeune la même année, avant d'être confié à la galerie Paul

14. *Gil Blas*, 30 septembre 1912
15. Duret, Van Gogh, 1916, planche XIII. Dans une édition postérieure un faux chassant l'autre, Le faux *Faucheur* de la *Nationalgalerie* sera la planche XXIV.

13

Vallotton, la succursale suisse de la maison de la rue Richepanse. Vallotton, apparenté aux Bernheim,[16] l'expose à la Kunsthalle de Bâle en 1917. Le collectionneur Rudolf Staechelin, qui l'avait déjà remarqué lors d'une exposition à Bâloise dix ans plus tôt, l'acquiert le 26 février 1918 pour 35 000 francs.

Le marasme du commerce d'art lors de la première guerre mondiale épargnait la Suisse. Il fut favorable à la constitution de la collection Stächelin souvent décrite comme la première collection suisse d'art. Quelques-uns de ses joyaux restent parmi les plus remarquables. Dix-huit d'entre eux, mis en dépôt en 1946, ont contribué à l'éclat du *Kunstmuseum* de Bâle, longtemps leur vitrine. Exportée cinq ans à Fort Worth au Texas, à titre de représailles après la ratification par la Suisse de la convention *Unidroit* réprimant le trafic d'oeuvres d'art, la collection y était toutefois retournée avant que le trust familial, souhaitant « diversifier ses actifs », ne la reprenne, au début 2015, à l'échéance du contrat. Quittant aussitôt la collection Staechelin, *Nafea faa ipoipo (Quand te maries-tu ?)*, peint par Gauguin à Tahiti en 1892, devint la toile la plus chère du monde avec sa cession à l'Emir du Quatar pour 300 millions de dollars.

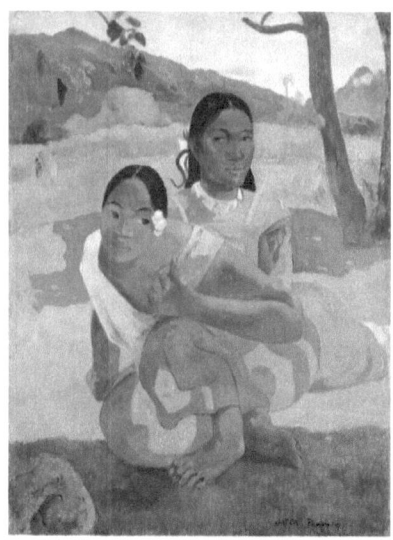

---

16. Son frère Félix a épousé leur sœur Gabrielle.

3

Avant guerre

Capitaine d'industrie supportant mal la contradiction, homme au besoin fâcheux – il a forcé un marchand à rependre la *Chambre à coucher de Vincent*$_{483}$ aujourd'hui au Musée d'Orsay qu'il croyait à tort fausse –, Rudolf Staechelin considérait son *Jardin de Daubigny*$_{777}$ comme un authentique Van Gogh. La concurrence de celui de la *Nationalgalerie* lui était apparue déloyale et un défi à sa prééminence. Il avait acheté le sien, assez bon marché, pendant la guerre, dix ans avant que Berlin ne dépense une somme folle. C'est justement cette somme folle qui avait conduit à la confrontation de Berlin. «On sait, notait un critique, que le docteur Justi a été violemment attaqué par la presse pour avoir payé pour le musée national de Berlin, *Le jardin de Daubigny* de Van Gogh 250 000 marks, soit 1 500 000 fr. Les critiques ne portent ni sur la qualité, ni sur l'authenticité, toutes deux indiscutables, mais sur le prix qui semble dépasser de beaucoup les estimations habituelles des œuvres de Van Gogh».[17]

Le chauvinisme allemand était révulsé par la masse d'argent public englouti qui aurait été mieux employé à soutenir les artistes nationaux célébrant la culture nationale. Justi avait eu beau faire valoir que l'acquisition s'était faite grâce à des fonds privés, il ne s'était pas sorti d'affaire. Une partie des frondeurs discuta l'authenticité... selon eux, le vrai *Jardin de Daubigny* était à Bâle.

17. *Bulletin de l'art ancien et moderne*, supplément hebdomadaire, juin 1934, p. 234

Aimablement guidée par l'entregent de Staechelin, la presse suisse avait lâché quelques salves contre « Le faux tableau » :

> On annonce, au sujet du conflit qui a surgi entre des experts berlinois et des historiens d'art concernant l'authenticité du tableau « Le Jardin de Daubigny » de Van Gogh, se trouvant à la Galerie nationale de Berlin, que, selon toute probabilité, il s'agit d'un faux tableau acheté 250,000 marks par ce musée. Il ressort d'une lettre écrite par Van Gogh 4 jours avant sa mort qu'il n'existe qu'un seul exemplaire du « Jardin de Daubigny ». L'oeuvre authentique signée de Van Gogh se trouve dans la collection d'un mécène bâlois, M. Rud. Staechelin, qui possède une série importante d'œuvres de l'Ecole française moderne.[18]

Staechelin était non seulement un plus ancien propriétaire, mais il faisait jeu égal avec Berlin, en remontrait même. Aux quatre « Van Gogh » berlinois : un *Moulin de la galette,*$_{228}$ *Couple d'amoureux*$_{485}$ aujourd'hui disparu, un *Faucheur*$_{628}$ également perdu et le *Jardin,*$_{776}$ il pouvait opposer les quatre siens, un *Portrait de femme,*$_{357}$ des *Harengs,*$_{283}$ son *Jardin*$_{777}$ et une *Berceuse.*$_{505}$ L'étalage ne garantissait pas pour autant plus de sagacité d'un côté que de l'autre.

Le *Moulin de la Galette* était une copie posthume, achetée en 1929, du *Moulin de la Galette*$_{227}$ vu pour la première fois chez Amédée Schuffenecker en 1901.[19] Le *Faucheur* de la *Nationalgalerie*, venu d'Auguste Bauchy, client-ami d'Emile Schuffenecker et acquis de la galerie Bernheim-Jeune pour 220 000 marks, n'était pas, chacun en convient aujourd'hui, de la main de Vincent.

La *Berceuse*$_{505}$ de Staechelin ne l'était pas davantage. Elle reste tenue pour authentique, mais ce n'est que d'être équipée d'un historique arrangé.[20] Jongler avec les archives est d'une facilité déconcertante pour les experts rompus à l'exercice, aux antipodes du cercle vertueux. Nez creux, boule de cristal et pendules leur

---

18.. *Nouvelliste Valaisan* 4 mars 1833 ou *Freiburger Nachrichten*, 8 mars 1933
19. Exposition Bernheim-Jeune 1901, catalogue 45
20. B. L. *Quatre faux Van Gogh d'Arles parlent*, CreateSpace 2014.

disent les toiles authentiques et ils combinent les lambeaux d'archives pour fabriquer, à l'aveugle, d'impeccables provenances. L'activité n'est pas nouvelle, au début des années 1900, Paul Eudel dénonçant les falsifications avait résumé d'une formule. Pour lui, le faux tableau était comme l'escroc, toujours avec des papiers en règle, «quand il ne les a pas, on les lui fabrique».[21] Quand les savants daigneront entendre que l'une des cinq *Berceuse* de Vincent a disparu, après que de la Faille, qui en avait d'abord retenu six, l'avait malencontreusement écartée, l'exemplaire sorti de la collection des frères Schuffenecker perdra de son lustre. Une autre *Berceuse,* celle-là de format réduit, également issue des frères Schuffenecker, sera vendue par leur héritière à un ancien gouverneur de la banque de France, puis oubliée.[22]

La *Berceuse*$_{505}$ de Rudolf Staechelin ne fait plus partie de la collection familiale. A la mort du patriarche en 1946, le premier soin des héritiers fut de s'en séparer. Ils l'ont cédée pour 3,2 millions de francs suisses au marchand Daniel Wildenstein qui la revendit un mois plus tard, pour 4,5 millions, à Walter Annenberg, futur ambassadeur des Etats-Unis à Londres. Une goutte d'eau pour ce richissime et très influent propriétaire de journaux, à peine davantage que l'équivalent d'un mois de profit de son très populaire *Guide TV*. Il la léguera au *Metropolitan Museum of Art* de New York qui la défend aujourd'hui avec une provenance à sa convenance.

En l'absence de Ludvig Justi, brutalement congédié le 1er juillet 1934, la confrontation des deux *Jardin de Daubigny* à Berlin, s'était faite sous l'égide de son successeur Eberhard Hanfstaengl. Tandis que les deux toiles étaient exposées au *Kronprinzenpalais*, Emile Schuffenecker mourait le 30 juillet dans son appartement à Paris, 33 rue Olivier de Serres, dans sa 83eme année. Une brève notice nécrologique de la *Deutsche Allgemeine Zeitung* déplora ne pas

---

21. Paul Eudel, *Le truquage*, Librairie Molière, 1906.
22. *Op cit.* B. L. *Quatre faux Van Gogh d'Arles parlent.*

connaître les responsabilités exactes des frères Schuffenecker dans les faux Van Gogh qui avaient inondé le marché.

L'affaire du *Jardin* suivit néanmoins son cours et Alfred Hentzen rédigea une étude rigoureuse rejetant l'authenticité de la toile de Bâle.[23] Ne pouvant remonter les historiques au-delà de la vente Chtchoukine de mars 1900 pour le *Jardin*$_{776}$ de Berlin et à Amédée Schuffenecker en 1903 pour celui de Bâle, il considérait que la provenance ne pouvait permettre de trancher et s'en remettait aux incohérences et aux maladresses de la toile de Bâle,$_{777}$ à la proximité entre le croquis de Vincent et la toile de Berlin, ne délaissant aucun élément, des fautes de lumière à la disparition du chat – qu'il situait entre la vente de 1900 et l'acquisition par Fayet que l'on croyait alors dater de 1903.

L'étude commandée par Staechelin à l'historien d'art Walter Ueberwasser[24] pour y faire pièce apparut si conforme aux désirs du commanditaire et si peu digne d'un spécialiste que plusieurs auteurs – dont Alfred Barr dans un ouvrage présentant une fausse *Arlésienne* en couverture – se figurèrent que Staechelin en était lui-même l'auteur.

Elle avait pour particularité de s'alimenter du ressenti d'un auteur entré dans la tête d'un Van Gogh imaginaire, aux préoccupations éloignées de celles du vrai Vincent. Egaré dans des considérations ésotériques, parlant toujours d'autre chose, son pathétique plaidoyer n'apportait rien de discriminant. Après étude attentive, Hentzen dira n'avoir rien à changer à sa démonstration et ajoutera de nouveaux éléments.[25] Ueberwasser partageait avec lui trois points essentiels, il n'y avait pas de place pour deux *Jardin de Daubigny,* les deux n'étaient pas de la même main et le chat du *Jardin*$_{776}$ de la *Nationalgalerie* avait été masqué par un mystérieux restaurateur.

23. Alfred Hentzen, *Der Garten Daubignys von Vincent Van Gogh*, Zeitschift für Kunstgestische 4. pp. 325-33.
24. Walter Ueberwasser, *Le jardin de Daubigny: Das letzte Hauptwerk Van Goghs,* Basle 1936
25. Alfred Hentzen, *Nochmals: «Der Garten Daubignys» von Vincent Van Gogh, Zeitschrift für Kunstgeschichte* 1936. pp. 252-259

La certitude d'une seule place pour deux oeuvres fut partagée par William Scherjon et Willem Josiah de Gruyter, marchand et critique hollandais, qui avaient en commun une solide détestation de Bart de la Faille. Leur approche, bien différente, s'alimentait des déboires de la firme Huink et Scherjon, établie à Amsterdam en 1930, qui avait investi dans des Van Gogh d'Otto Wacker. Très tôt impliqués dans la cabale contre la *Nationalgalerie*, qu'ils avaient relayée aux Pays-Bas avec d'autres ignorants pris dans la même glu, comme Hendrik Petrus Bremmer – qui disait impossible de faire une bonne copie d'un Van Gogh –, ils avaient défendu leurs intérêts.

Mauvais perdants, ils avaient entrepris la plus imparable des réponses, produire le catalogue des Van Gogh garantis (par eux). L'affaire n'était pas si compliquée. Il leur avait suffi de reprendre le catalogue de la Faille, de le soulager des oeuvres qui n'avaient pas leurs faveurs, pour mieux défendre les cagneux et numéroter à façon. Ainsi fut fait en 1932 avec le catalogue des « *tableaux de Saint Rémy et d'Auvers décrits dans les lettres* » de Scherjon et, en 1937, avec « *Vincent van Gogh's Great Period* » où seule figurait la copie bâloise[777] du *Jardin de Daubigny*.

Volant tardivement au secours de Justi, Michel Florisoone, conservateur au Louvre, disputa leur méthode, confondant les lettres et la lecture qui en était faite. Il soutenait qu'elles n'étaient pas un critère d'attribution suffisant, illustrant son propos d'un cas : « Ainsi MM Scherjon et de Gruyter passent complètement sous silence, par exemple, le *Jardin de Daubigny* de Berlin, parce que le texte parle du fameux chat et que le tableau du Kronprinzen Palast n'en comporte pas. »[26]

Fameux chat ! Conclure étant l'apanage de l'expert des experts, de la Faille entreprit de dresser l'état des lieux dans son catalogue de 1939, pour ne pas conclure, tout en concluant.

---

26. Michel Florisoone, *La vie de l'art*, Marianne, 2 mars 1938.

«Quand il fut reproduit dans le catalogue de la collection X, vente Drouot, Paris le 24 mars 1900 sous le n° 22, il offrait tout comme le n° 777 (représentant le même coin de jardin), dans le bas à gauche un chat. De l'endroit où se trouvait le chat, la couleur a été enlevée et puis on l'a repeint. Le chat a donc complètement disparu. Cela n'est nullement une preuve que ce tableau soit faux, Van Gogh a bien des fois fait des répliques.

M. Scherjon relate le fait que Vincent ne mentionne qu'un seul tableau dans ses lettres, duquel il donne un croquis. Le n° F 777 correspond mieux que le n° F 776 à ce croquis. Van Gogh a composé d'autres tableaux importants que ses lettres ne citent pas.

A mon avis M. W. Ueberwasser, dans son livre «Le Jardin de Daubigny» a démontré de façon convaincante, (chap. III) que celui qui a peint le tableau n° 776 n'a pas été sur place. L'exactitude rigoureuse dont Vincent a toujours fait preuve dans ses tableaux et dessins en observant la nature, on la retrouve dans le n°777. Van Gogh a composé d'autres tableaux importants que ces lettres ne citent pas.

Mr R. Staechelin à Bâle, propriétaire de 777 avait consenti à envoyer son tableau à Berlin pour rendre possible une comparaison entre les deux tableaux. Après cette comparaison les experts allemands se sont écriés que celui de M Staechelin devait être faux, tandis que le tableau berlinois était l'authentique. Ce jugement me semble monstrueux. Le tableau de M Staechelin est à mon avis l'un des plus purs exemples de l'art de Van Gogh. Mr Ueberwasser (l'expert de Staechelin) est persuadé que les tableaux n'ont pas été peints par la même personne, tout comme le directeur de la Galerie Nat. à Berlin. Je n'ai point pris mon parti. Pour moi le n° F. 776 (n'est pas un faux, mais douter de l'authenticité de F. 777 me semble pire qu'un crime, c'est une faute.»[27]

---

27. J. Bart de la Faille, *Catalogue des peintures de Vincent Van Gogh*, Hyperion, 1939.

Bart de la Faille masquait son jeu. Comme le suggérait sa trop transparente formule, son parti était pris. Pour lui, la toile de Vincent était fausse. Son entrée, page 119 de l'exemplaire du catalogue de 1928 sur lequel il enregistrait à mesure les nouvelles informations en vue de futures mises à jour, s'ornait d'un graffiti bleu 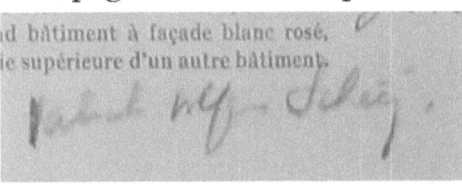 signifiant *Valsch Van Gogh Schilderij* : fausse peinture de Van Gogh. Fort heureusement, on ne brûle pas les toiles que les experts ont excommuniées. Vincent était, sinon, au feu.

Ces trop hypocrites convictions en pâture, derniers mots d'avant-guerre consacrés aux deux *Jardin*, le débat s'éteignit, juste avant que le monde ne plonge dans la nuit.

Quelques personnes à Paris savaient à quoi s'en tenir sur les conditions dans lesquelles quelques toiles et les deux *Jardin* étaient apparus sur le marché parisien, mais aucune n'avait proposé ses lumières. L'*omerta* était préférable.

Aurait-on su la copie de Bâle[777] apparue chez Emile Schuffenecker alors qu'il détenait le *Jardin de Daubigny*,[776] que l'énigme aurait beaucoup perdu de son mystère.

4

La belle histoire

A dormir debout, mais à peine plus compliquée que nécessaire, la fabuleuse histoire de la copie de Bâle se résume. Chacun en conviendra, peindre une copie assez fidèle pour tromper l'amateur suppose de disposer de l'original et de posséder quelque talent. Le *Jardin de Daubigny*$_{776}$ de Vincent est l'une des deux toiles du second achat de toiles de Vincent par Emile Schuffenecker. Premier amateur à acheter après le suicide, il avait obtenu de Theo Van Gogh, fin septembre 1890, deux grandes toiles. En mars 1894, juste après la mort de Julien Tanguy le marchand de la rue Clauzel, à Montmartre, qui conservait encore une douzaine d'oeuvres en dépôt, Schuffenecker récidive son doublé et en achète deux à sa veuve, après avoir obtenu l'accord de Johanna Van Gogh[28] : des *Tournesols*$_{455}$ et le *Jardin.*$_{776}$

Assidu chez le vieux marchand qu'il visitera à l'hôpital et dont il suivra le convoi, Francis Jourdain, alors jeune peintre, se souviendra longtemps des Vincent vus dans la petite boutique de la rue Clauzel. Son hommage de 1938 nomme quatre toiles dont *Le jardin de Daubigny, à Auvers* et les *Tournesols.*[29] Il se souvenait du prix : 600 francs. Les deux toiles figuraient dans l'inventaire dressé peu après l'internement de Theo Van Gogh devenu fou en octobre 1890. Dès qu'elle sera certaine, leur identification fournira une des clés.

28. Courriers de Schuffenecker à Johanna Van Gogh, archives du Van Gogh museum.
29. Francis Jourdain, *Ce soir*, 6 décembre 1938.

Copistes d'autres et de lui-même, Schuffenecker reproduit le *Jardin* sur une toile de même format. Gageure, il s'applique. Vincent l'obsède. Ce n'est pas la première fois qu'il s'essaie à l'exercice. Utilisant la photo d'un *Autoportrait* de Vincent, il a déjà concocté un vague pastiche au pastel : *Portrait de Van Gogh à la pipe* avant d'en tirer un portrait à l'huile qui a été présenté l'année précédente dans une exposition parisienne comme un authentique *Autoportrait*.[529] Il a aussi peint une copie[488] – bientôt vendue à son ami Auguste Bauchy – de l'*Arlésienne*[489] acquise de Theo.[30] Il n'a pas croisé Vincent, mais en a beaucoup entendu parler, par Paul Gauguin, par Emile Bernard, par divers biais, il sait son art incontournable.

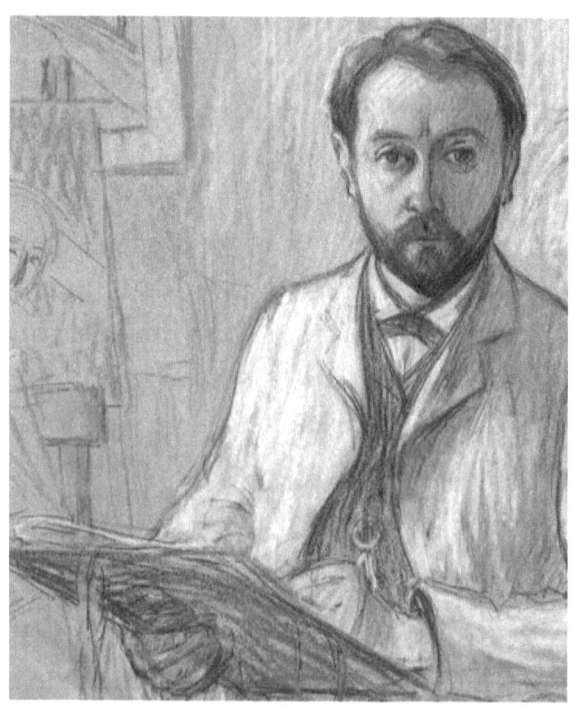

Faute d'imagination, Schuffenecker, qui se trouvait pourtant au bon endroit au bon moment, est un artiste de second rang, au « tempérament en dessous de zéro » selon son ami Paul Gauguin. Aigri d'être délaissé, il jalouse ceux qu'il avait rêvé « d'enfoncer » et qui toujours le dépassent. Commis de la Bourse recyclé professeur de dessin au lycée de Vanves, il maîtrise l'art et la technique, et a donné des preuves de son talent avec des oeuvres soignées. Il a réalisé des copies et peut reproduire un modèle. Sans être un foudre de guerre, il est ce qu'on appelle un talent honnête.

---

30. Elle passera de Bauchy à Vollard, dont Schuffenecker a loué « sur toute une page les merveilleuses qualités » dans une lettre à Gauguin l'année précédente, et sera baptisée «Dame Jaune».

Imiter Vincent de manière confondante n'est toutefois pas à sa portée. Dans un Vincent, les touches juxtaposées se distinguent toutes et ceux qui, en tout honneur, se sont essayés à sa copie ont jugé l'exercice plus qu'éprouvant. Schuffenecker qui se plaignait de «limer péniblement des toiles» s'attaque au panache et, à ce jeu, sa main devient brouillonne. Sa copie, tout juste du Vincent désorganisé, est médiocre. Il suffit, pour s'en convaincre, de se munir d'une bonne reproduction de chacune des deux versions du *Jardin de Daubigny* et de demander à la ronde sur laquelle se porterait le choix si l'original était offert. Enfants, adultes, la réponse invariable s'accompagne généralement d'un grand sourire, tant le choix est évident.

Ce qu'il a produit n'est pas encore un faux Van Gogh, tout juste une réplique dont il ne peut pas faire grand chose. Vendre lui-même deux toiles du même sujet sera évidemment impensable... jusqu'au jour où il rencontrera un «drôle». Un champion de l'ésotérisme et de l'occultisme, un jeune homme d'Armentières venu chercher fortune à Paris, un garçon pressé, bien mis, doté d'une belle plume et d'un solide culot: Julien Leclercq.

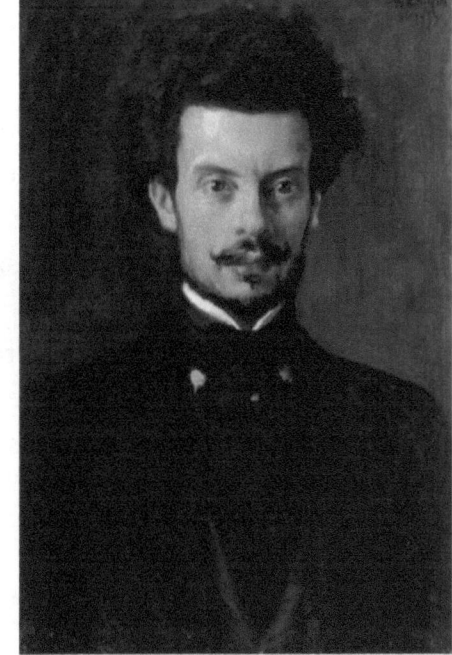

Si le portrait qu'a donné de lui le peintre Albert Edelfelt, qui n'avait pas pour habitude d'outrer, rend bien son effigie, le sentiment immédiat de ses contemporains devait être de se retrouver face au diable lui-même, entre Mephisto et Lucifer. Son haut front surmonté d'une dense tignasse sombre pouvait dissimuler de petites cornes pointant comme les extrémités de sa moustache.

Schuffenecker et lui vont avoir, plus exactement Leclercq, tout désigné maître de cérémonie qui avait déjà été l'artisan de l'exposition du faux *Homme à la pipe*₅₂₉ en 1893,[31] va avoir une idée sensationnelle.

Ce n'est pas faire affront à la mémoire de Schuffenecker que de penser qu'il n'a pu concevoir la machination. Il n'avait manifestement pas ce talent-là non plus. On ne saurait faire mieux qu'esquisser le portait de l'«imbécile tout à fait à lâcher» qu'avait vu Gauguin, mais, à en croire Theo Van Gogh écrivant à Vincent le 16 juin 1889, il était un tantinet présomptueux :

> «Comme tu sais il y a une exposition dans un café à l'exposition où exposent Goguin & quelques autres (Schuffenecker). J'avais d'abord dit que tu y exposerais aussi, mais on y donnait un tel air de casseurs d'assiettes qu'il devenait vraiment mauvais d'en être. Cependant Schuff. prétend que cette manifestation enfoncera tous les autres peintres et si on l'avait laissé faire je crois qu'il se serait promené à travers Paris avec les drapeaux de toutes les couleurs pour montrer qu'il était le grand vainqueur.»₇₈₁

Si l'on y ajoute d'autres compliments de contemporains – ceux de Bernard ou de Monfreid – et divers de ses écrits, on comprend que *Schuff* était atteint d'une forme sévère de mégalomanie. «Cet abruti de Schuff., qui en est même méchant, déséquilibré par l'excès de vanité», «qui rêve à la gloire» (Gauguin toujours[32]), et d'une «belle spéculation» autour de «sa petite collection» a le profil du faussaire. Si peu que Gauguin, répondant, en décembre 1896, à une lettre suspicieuse de Monfreid, croit devoir faire rempart : «Schuff est honnête». Schuffenecker ne peut apaiser ses tourments que derrière un faux nez en enrichissant à la force de son pinceau la *petite collection* qu'il veut grande. Tout l'inverse du stratège, on le voit mal ourdir le plan diabolique que Leclercq et lui vont appliquer.

---

31. Voir mon *Toute ressemblance serait fortuite,* CreateSpace, 2016.
32. A. Joly-Segalen ed., *Lettres de Paul Gauguin à G. D. de Monfreid,* Paris 1950. Dans la 1ᵉʳᵉ édition de 1918, les noms sont masqués, Schuffenecker est «Z».

Ils savent qu'à la faveur d'un funeste concours de circonstances, le *Jardin*[776] est resté chez Julien Tanguy. Sur son lit de supplicié Vincent l'a légué à Marie Daubigny. Theo a promis de le remettre à sa propriétaire, mais le malheur bientôt s'est de nouveau s'abat, il est interné, Marie Daubigny meurt, et il la suit dans la tombe un mois plus tard.

L'an mil huit cent quatre vingt dix, le vingt deux Décembre à deux heures du soir acte de décès de Marie Sophie âgée de soixante treize ans, sans profession…

Paix à son âme, mais les deux compères, pour qui les morts sont aussi de la marchandise transformable, vont ressusciter « la veuve Daubigny » et lui faire vendre la toile.[776]

Pour faire bonne mesure et plus vrai, des *Chevaux* d'Honoré Daumier, voisin et ami cher de Charles-François Daubigny, sont joints à la vente. Avantage de ce petit subterfuge apparemment anodin et peu lucratif ? Le *Jardin de Daubigny*[777] de Schuffenecker devient authentique ! Ne l'a-t-il pas acheté à Johanna Van Gogh ? Il suffira d'attendre le moment opportun pour le placer, pourvu de cet impeccable *pedigree*. L'enfance de l'art… de l'illusion !

Vendre sous un nom d'emprunt les faux que l'on produit ne témoigne pas d'une originalité particulière. Dans *Vengeance,* par exemple, roman publié en feuilleton dans le *Petit Parisien* en 1887, Jean le Blanc, le héros de Georges Duval, procède de cette manière. Ce qui est ici singulier est de se débarrasser d'une oeuvre authentique pour pouvoir ensuite pavaner avec le faux muni d'un inattaquable certificat. Ce n'est pas affaire d'argent au sens habituel, il n'y en a pas à gagner, ou si peu. En revanche, pour le dérangé qui se veut, au moins en secret, l'égal des plus grands, être ainsi « Van Gogh » à la barbe de tous est sans prix.

Rien ne se passe cependant comme prévu après qu'ils ont renoncé à présider à la destinée du *Jardin.*[776] Il vit désormais sa vie. Ambroise Vollard a bien enregistré en 1898 la vente par la ressuscitée, l'a revendu à Ivan Chtchoukine et deux ans plus tard le *Jardin*[776] passe en vente publique. Chtchoukine qui s'est endetté – il doit honorer le prêt que lui a consenti le banquier Jack Aghion, qui agissait en son nom – et qui a, selon toute probabilité, acquis le *Jardin*[776] chez Vollard pour 400 francs en avril 1899. C'est néanmoins Ivan Chtchoukine qui rachète son propre *Jardin,*[776] pour 1 000 francs, à la vente du 24 mars 1900 à l'hôtel Drouot.

Schuffenecker et Leclercq ne bougent pas une oreille. Cela ne les intéresse pas, absorbés qu'ils sont par d'autres projets : faire de l'agitation, récupérer les Vincent qui dorment, doper la cote, l'heure est venue. « Le moment est propice, écrira bientôt Leclercq très averti, l'impressionnisme a enfin triomphé et Vincent est le seul qui dans le groupe, n'a pas encore la grande réputation. »[b4129] Se partageant les rôles, fric pour l'un, boniment pour l'autre, ils envisagent de décider un grand marchand à faire une exposition Van Gogh, et ont jeté leur dévolu sur la galerie Bernheim-Jeune, très en vue.

Leclerc, qui connaît tout le monde et chacun, la prépare. Elle ouvre ses portes le 15 mars 1901. Près de la moitié des oeuvres exposées leur appartient. Ils n'y vendront rien, mais ce n'est que partie remise. On ne parle que de ça, les amateurs vont se décider et le bourgeois allemand devenu opulent est en ligne de mire, il se pique d'art. Leclercq n'a osé y montrer le *Jardin*[777] de Schuffenecker. Son concurrent[776] y était, de droit. La vente de l'année précédente n'avait pas soldé les 20 000 francs de la dette d'Ivan Chtchoukine et une négociation subsidiaire a fait tomber le *Jardin*$_{776}$ dans l'escarcelle des Bernheim… qui entendaient l'exposer.

Des faux figuraient à l'exposition, mais tout s'est bien passé. Le premier objectif est atteint, Leclercq est devenu la personne à qui s'adresser pour trouver les Van Gogh que l'on ne va pas manquer de s'arracher.

Sur son nuage, Leclercq a une nouvelle folle idée : refiler la copie du *Jardin*$_{777}$ de Schuffenecker à Johanna Van Gogh. La lui échanger contre les *Tournesols*$_{454}$ qu'il n'entend pas lui rendre. Terreur de Schuffenecker, sans doute, mêlée de fierté peut-être, égal de Van Gogh si le coup réussit, mais il n'y peut rien, Leclercq le tient à sa merci.

Mesure de précaution pour éviter un télescopage, et espérer placer la copie, il faut au préalable s'assurer du contrôle du *Jardin*$_{776}$ de Vincent. Aussitôt dit, aussitôt fait. A la clôture de l'exposition, Leclercq l'échange avec les Bernheim contre une des toiles qu'il a achetées à Johanna. Six jours plus tard, Johanna Van Gogh reçoit une offre d'échange : *Jardin* contre *Tournesols*.

L'affaire capote et une nouvelle manigance supplante aussitôt l'ancienne, lorsque l'infériorité de la copie de Schuff leur apparaît trop flagrante pour espérer qu'elle puisse jamais faire jeu égal. Petit subterfuge, les pinceaux de Schuffenecker masquent le chat noir (bleu de Prusse) de Vincent qui traversait la pelouse. La toile$_{776}$ est également rehaussée. Son format cesse d'être celui qui avait été enregistré lors de la vente Chtchoukine un an plus tôt. Elle est rafraîchie et équipée d'un nouveau cadre. Les pistes se brouillent, puis on sort les deux *Jardin* du chapeau, méconnaissables. Dès lors, seule la copie de Schuffenecker$_{777}$ correspond au croquis et à la description qu'a donnée Vincent dans sa dernière lettre, à la couleur du chat près. Trop bleu franc. Sottement.

En juin 1901, Leclercq vend la toile de Vincent$_{776}$ à Paris, puis part aussitôt s'accorder avec Johanna Van Gogh et repérer de nouveaux Vincent parmi ceux qu'elle conserve. Il commande des *Barques au bord de l'Oise,*$_{798}$ qu'il promet de payer à terme, puis part chercher de nouveaux débouchés à Berlin.

Après la mort soudaine de Leclercq, le 31 octobre, Schuffenecker, qui ne peut vendre sa copie sans prendre de risques déraisonnables, devra patienter. Deux ans plus tard, Amédée Schuffenecker, petit frère de retour des colonies, prendra le relais de Leclercq et secondera son aîné. La copie,$_{777}$ dont Emile reste le propriétaire officiel, est validée par Meier-Graefe en 1904 dans son *Histoire de l'art moderne.* Forte de l'étincelante caution, elle pourra, en quête d'amateur, être «bassinée», promenée à Munich, à Francfort, à Dresde, à Karlsruhe, à Stuttgart, à Mannheim, à Bâle, à Munich, à Paris jusqu'en 1908 avant que Gaston et Josse Bernheim ne l'achètent, ne la montrent à Berlin en 1910 et ne la vendent à Louis Bernard, collectionneur très en vue. En 1901, il avait liquidé ses Boudin et ses Monet à la pelle.

Théodore Duret la garantit à son tour en la reproduisant en 1916 dans sa monographie sur Van Gogh. Les Bernheim peuvent racheter le *Jardin*$_{777}$ à Louis Bernard, le transférer en Suisse pour une exposition où Rudolf Staechelin le remarque, le confier à Paul Vallotton qui dirige leur antenne de Lausanne, avant qu'il le vende à Staechelin l'année suivante.

De son côté, Gustave Fayet est content du *Jardin*$_{776}$ de Vincent, tout maquillé qu'il est. Son père avait été l'élève de Charles-François Daubigny. Il conserva jusqu'à sa mort en 1925 la toile qui fait le pont entre deux des plus grands noms de la grande aventure de la peinture moderne, le Vincent acheté en juin 1901 à Leclercq, sitôt après le maquillage du chat. Trois ans plus tard, en 1929, son

Jardin,$_{776}$ mis en vente par la galerie Paul Rosenberg, est acquis par la *Nationalegalerie* de Berlin.

Le télescopage redouté, celui qui avait poussé à la revente clandestine de la toile de Vincent en 1898 par morte interposée ; celui que Leclercq avait évité en ne présentant pas la trop insuffisante copie à l'exposition de 1901 ; celui qui l'avait poussé à récupérer la toile de Vincent ; celui qui lui avait dicté : « Il me semble qu'il serait préférable que ces deux toiles ne se trouvent pas en France »$_{b4142}$; celui qui avait conduit au masquage du chat, a lieu dès que la copie$_{777}$ a croisé le *Jardin*$_{776}$ de Vincent.

Trop lisse, trop beau pour être vrai ? Apparemment, puisque la copie de Bâle$_{777}$ est toujours aujourd'hui tenue pour authentique. Elle était le clou de l'exposition de Bâle de 2009 au *Kunstmuseum* tout déterminé à plaire aux héritiers Staechelin qui songeaient à récupérer leurs trésors. Elle s'est beaucoup promenée et, clou de nouveau, elle vient de recevoir de nouveau l'estampille du Musée Van Gogh, qui avait déjà exposé les deux versions en 1990 et récidive avec l'exposition *Monet, Daubigny et Van Gogh* de 2016-2017.[33]

La patiente recherche de documents d'archives qui, juxtaposés, permettent d'écrire aujourd'hui la véritable histoire des deux « exemplaires » du *Jardin* aurait été superflue, si l'on savait faire la différence entre un Vincent et un simulacre ; si l'histoire de l'art n'était pas une grande fille si têtue cornaquée par des oracles trop sûrs d'eux ; si l'on avait seulement su voir que deux phrases de Vincent valent un bon siècle d'illusoires garanties expertes. Encore faut-il montrer pas à pas ce qui a conduit aux certitudes ici trop hâtivement résumées.

---

33. Exposition *Daubigny, Monet, Van Gogh*, Van Gogh museum, Amsterdam, 21 octobre 2016 - 29 janvier 2017

5

Un faux voulu

Décider au premier coup d'oeil de l'authenticité d'un possible Van Gogh semble hors de portée. Du moins depuis que la question se pose avec acuité, aucun des spécialistes connus n'a su dire sans se méprendre à plusieurs reprises. Fussent ceux qui, tous abusés à l'instar de Gustave Coquiot, écrivaient des choses comme : « Rien de pareil avant, rien de pareil après. Le plagier ferait éclater de rire. »[34] Eclatons ! Les entreprises collégiales n'ont pas été moins faillibles. Certaines toiles, certains dessins sont plus que d'autres typiques de l'art d'un Vincent qui a multiplié pochades et essais. Le défi de dire le vrai est cependant moins périlleux lorsqu'il ne s'agit, comme ici, que de distinguer un original (voulu et abouti) d'une copie (brouillonne).

Si l'on admet que le savoir-faire individuel existe et que Vincent n'a pas sans raisons été couronné grand peintre, le fossé séparant son talent de celui d'un imitateur dont on connaît de nombreuses oeuvres, doit être flagrant. L'examen patient des différences doit s'attacher à identifier la toile la plus aboutie et à en déduire l'ordre de réalisation. Si la seconde version apparaît plus faible que la première, autrement dit que le copiste ne sait pas faire ce que l'auteur de l'original savait faire, l'énigme est résolue.

---

34. Gustave Coquiot, *Les Indépendants 1884-1920*, Ollendorf, 1920.

La rangée de jeunes tilleuls, évidemment plantée avec recherche lorsque le jardin paysager fut conçu, en 1877, est désorganisée dans la toile de Bâle$_{777}$. Sans élégance, les boules qui surplombent les troncs masquent la façade qui était pourtant l'objet du tableau. D'autres feuillages sont pareillement négligés. L'église, Notre-Dame d'Auvers, est sans majesté. Déduit d'une observation sommaire, confirmé par un examen pouce à pouce, le premier point est acquis, la toile de Bâle est partout plus faible.

Cela ne signifie pas qu'elle soit fausse, mais il ne lui reste, pour ne pas l'être, que le statut de pochade préparatoire. C'est l'hypothèse que retiennent aujourd'hui, à la suite de Ronald Pickvance, les défenseurs de deux versions authentiques – à l'exception de Walter Feilchenfeldt qui, pour de mauvaises raisons périphériques, regarde la toile de Bâle$_{777}$ comme une copie autographe, peinte *pour Theo*.

La séduisante subtilité de coloris qui rend la toile de Hiroshima attrayante, au point qu'elle fut nommée : *Le jardin de Daubigny au printemps*$_{776}$ à l'occasion de son exposition en 1905,[35] suggère une observation attentive de la nature que l'on ne retrouve pas dans la toile de Bâle.$_{777}$

On pourrait, certes, imaginer un Vincent maîtrisant tant son sujet qu'il lui suffisait de traiter sommairement quelques formes en couleurs plates pour produire ensuite une oeuvre aboutie aux couleurs choisies, mais cela est contredit par des dizaines d'études abouties, peintes sur nature, par les dessins, eux aussi sur nature, sur lesquels il notait au besoin le nom des couleurs pour se souvenir.

Vincent n'était pas un peintre d'imagination, il peignait juste, restituant à sa façon ce qu'il voyait. Ses exagérations, le jeu des nuances n'étaient pas fabriqués *ex post*. Ses paysages sont respectueux de la topographie des lieux qu'il représente, de l'échelle des gris – ils rendent une lumière observée, non inventée, au-delà des hardiesses

---

35. Exposition rétrospective, *Artistes indépendants*, 1905, numéro 16 du catalogue.

et des simplifications. Ils sont exempts de faute de lumière. Seule la toile de Hiroshima possède ces qualités.

Vincent n'a, que par grande exception, besoin d'étude préparatoire, mais force serait d'accepter une anomalie, aussi longtemps qu'il n'est pas établi que la toile de Bâle₇₇₇ est la copie de celle de Hiroshima.₇₇₆ La confrontation patiente des deux images montre que des dizaines de traits de la toile de Bâle dérivent directement de ceux de la toile de Hiroshima. Il est possible de s'épargner leur fastidieuse énumération en produisant les preuves définitives que l'auteur de la toile de Bâle ne connaissait pas les lieux et qu'il n'a pas compris certains détails de celle de Hiroshima.

Si la toile de Bâle avait été peinte sur nature, les fenêtres du premier étage auraient été peintes comme elles l'étaient dans la réalité. Pas nécessairement exactement, mais, au moins, puisqu'il s'agit d'une façade, comme les architectes les construisent invariablement, régulièrement distribuées. Si l'auteur les avait vues, il les aurait peintes ainsi. Il n'en aurait pas esquissé pauvrement trois et ajouté du feuillage pour masquer la maison. Le toit n'aurait pas été allongé sur la gauche. Il aurait compris que la maison était bordée sur la droite par une cheminée rapportée et qu'il ne s'agissait pas du bord du toit. Il aurait compris l'architecture de cette maison mitoyenne.

Il aurait vu que le muret, derrière le banc, butant sur le mur, délimitait le jardin. Un jardin assez étroit dont l'alignement ne correspondait pas à celui de la façade apparente de la maison. Le peintre aurait vu le mur des deux côtés du portillon à claire-voie, il ne l'aurait pas peint trop élevé à droite. Il aurait compris la rangée de jeunes tilleuls et aurait su où placer les troncs supportant leur feuillage. Il aurait su, au moins par endroits, peindre un feuillage qui ressemblait à du feuillage. Il aurait compris les deux cheminées de la villa Ida. Il aurait su agencer les maisons devant l'église. Il n'aurait pas maculé (sans rythme!) de jaune-vert un ciel surmontant une maison rose, car cela est irréaliste. Pour la façade rose au coucher, il faut un ciel clair. On ne trouve, dans la toile de Bâle, aucun élément qui ne dérive de la toile de Hiroshima et puisse donner le sentiment d'une oeuvre faite sur nature. Si l'auteur de la toile de Bâle ne connaissait pas le jardin de Marie Daubigny, il disposait en revanche de la peinture de Hiroshima et sa maladresse pouvait la singer.

Dans les deux toiles, dans le haut du jardin, le tronc tordu d'un arbre. Devant lui un banc, trois sièges entourant une table et, à leur droite, une «*figure noire à chapeau jaune*», Marie Daubigny, âgée de 73 ans. Dans la toile de Hiroshima, ses bras sont croisés sur sa poitrine, dans celle de Bâle, démesurés, ils tombent en-deçà des genoux.

La raison de l'aberration est simple. Les bras croisés étaient de peu d'importance, hors pour esquisser une attitude, Vincent les a négligés. Il a peint la robe, comme à son habitude, organisant ses traits parallèles en accord avec la forme, vives rayures descendantes.

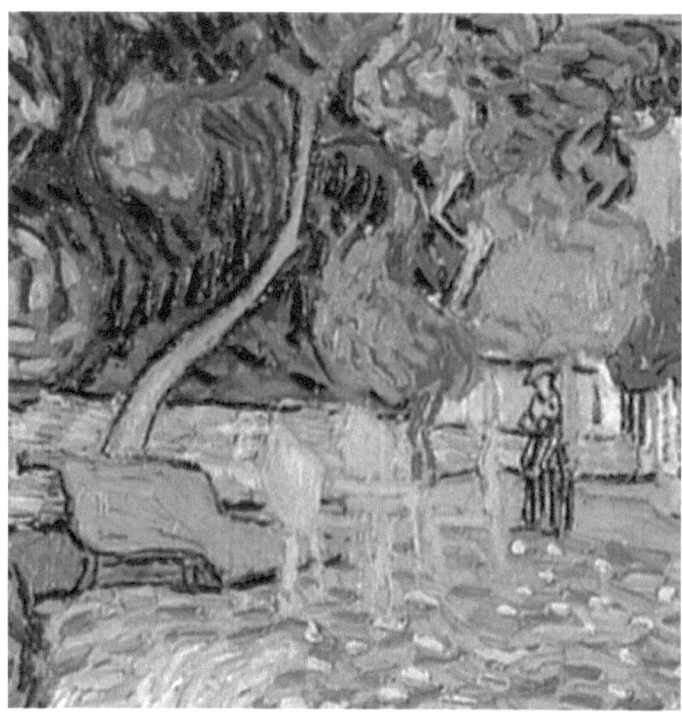

Le copiste a pris ces lignes pour les bras qu'il ne trouvait pas, de là ceux, disproportionnés, de sa silhouette simiesque en lévitation.

On ne peut pas peindre l'élégante figure de la toile de Hiroshima en s'inspirant de la silhouette de Bâle, mais un mauvais peintre ne comprenant pas la dame âgée distinguée, coquette sous son joli bibi orangé, la taille prise dans une longue robe, peut peindre la pauvre chose informe et en déséquilibre que montre la toile de Bâle – « *marchant* dans son jardin » selon certains. Pour ne rien dire des stries horizontales de la robe, inconcevables dans un Vincent, qui font songer à une échelle mal fagotée.

On ne peut peindre, les trois belles chaises assorties, en s'inspirant du pesant magma qui les figure dans la toile de Bâle, mais, pourvu d'une diabolique sûreté de touche, on peut voir trois chaises de jardin au dossier en losange et les rendre vivement tout en accordant leur vert-jaune au jeu des verts se répondant dans un subtil camaïeux.

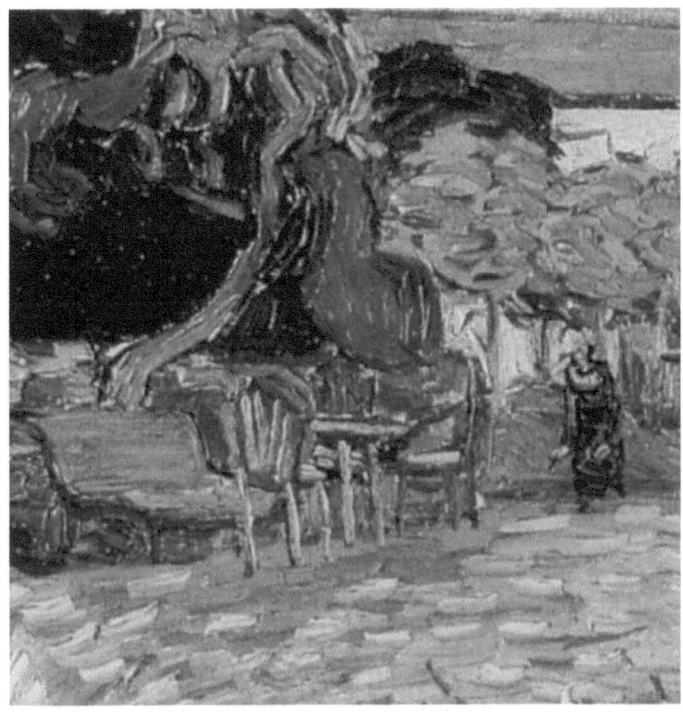

On ne fabrique pas d'élégantes chaises de jardin en fer galvanisé (« l'invention du siècle »), vertes, comme toutes l'étaient alors, élégantes, au dossier cintré en reprenant de pesantes choses brun-rouge, bancales et dépareillées de la toile de Bâle.

On ne peut peindre le tronc réaliste du petit arbre situé à gauche de la silhouette, en s'inspirant de la toile de Bâle, on ne l'y trouve pas. On ne peut placer correctement le feuillage qui le surmonte dans la toile de Hiroshima$_{776}$ en partant de la boule informe (répétée) au-dessus du personnage de la toile de Bâle.$_{777}$

On ne peut pas peindre d'imagination le tronc au-dessus du banc, mais on peut le massacrer en le copiant, ainsi que c'est fait dans la toile de Bâle. La très déplaisante masse noire au-dessus du banc de la toile de Bâle$_{777}$ ne permet pas de déduire la juste forme que l'on trouve dans le tableau de Hiroshima.$_{776}$

On ne peut inventer le mur qui fuit dans la toile de Hiroshima derrière le banc, la table, les chaises et la silhouette, le combiner à ces éléments, lumière et couleur respectées, pour le faire aboutir à la maison et clore le jardin. On ne peut pas, non plus, le déduire de la toile de Bâle car, s'il existe, ce mur est illisible, mangé à son extrémité par une absurde bosse de verdure.

Qui s'attache à ces points et prend le soin d'en vérifier la pertinence mesure que tous les éléments, la silhouette, les chaises, la table, le banc, le mur, les arbres et le feuillage de cette zone de la toile Bâle$_{777}$ sont empruntés à celle de Hiroshima.$_{776}$ Ce patient exercice étendu à toute la toile, les conclusions nulle part démenties sont formelles, la toile de Hiroshima est le modèle de la fruste copie bâloise.[36]

---

36. J'avais d'abord pris pour un repentir de l'église et de son toit la tache bleue et les lignes verticales à droite, mais, *mea culpa*, il semble que ce ne soit pas le cas. L'examen attentif auquel a procédé le musée de Hiroshima en 2010 n'en a pas détecté, je retire cet argument que j'avais présenté comme décisif.

La réplique[777] n'est pas une copie d'hommage, mais un faux intentionnel, d'emblée conçu comme tel. Il suffit, silhouette de Marie Daubigny de nouveau, de remarquer qu'elle est, dans les deux toiles, ajoutée sur un fond déjà peint. Si Vincent s'était copié, si un autre copiste respectueux du modèle dont il s'inspirait avait copié la toile de Hiroshima, la silhouette de Bâle aurait été peinte

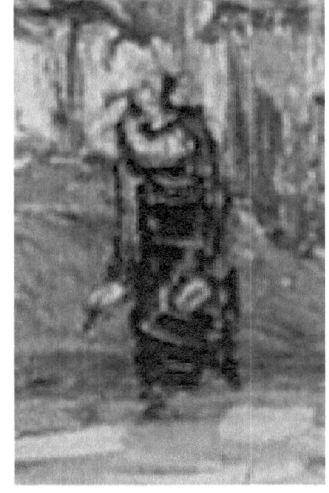

avant le fond, la zone aurait été laissée en réserve. Il en est ainsi lorsque l'on copie les éléments importants d'une oeuvre finie.

Là, en reproduisant dans la copie la séquence de développement de l'original, dans lequel la silhouette de Marie Daubigny est ajoutée sur un fond déjà peint, on a visé à tromper l'amateur en cherchant à donner l'illusion d'un *Jardin* peint sur nature.

6

Des lettres de Vincent

Faute d'avoir pris le soin d'établir seulement l'ordre de réalisation lorsque, reliques modernes, les Vincent, définitivement hors de prix, étaient devenus de rentables objets de dévotion – et les historiens d'art des conteurs[37] – les lettres de Vincent furent mal lues.

Héritier, comme pratiquement tous les artistes du paysage moderne, des grands peintres de l'Ecole de Barbizon, Vincent vénérait Charles-François Daubigny que des lettres par dizaines évoquent. Celle du 3 mars 1878 salue avec émotion son départ : « *L'oncle m'a dit que Daubigny est mort. Cela m'a fait de la peine, je l'avoue sans honte,* [...] *l'œuvre de ces gens-là, quand on la comprend, vous touche plus profondément qu'on ne s'en rend compte soi-même. Ce doit être une bonne chose d'avoir conscience en mourant d'avoir fait des choses vraiment bonnes, de savoir que, grâce à cela on restera vivant dans la mémoire d'au moins quelques-uns, et de laisser un bon exemple à ceux qui nous suivent.* »[142]

Il n'est pas encore artiste lui-même, il s'en faut de deux ans, mais il suivra le bon exemple et épuisé par dix années de travail acharné, il écrira, dans sa toute dernière lettre qui s'achèvera avec la description du *Jardin de Daubigny* : « *En ce qui me regarde je m'applique sur mes toiles*

---

37. On remarque, sur le site internet du musée Van Gogh, pour titre générique des présentations des événements qu'il organise ou des contributions de ses employés : « *Lees het verhaal* », autrement dit « lire l'histoire ». Les oeuvres n'existent plus par elles-mêmes, leur « compréhension » est soumise à l'adhésion au récit qui les met en scène.

avec toute mon attention, je cherche à faire aussi bien que de certains peintres que j'ai beaucoup aimé et admiré. »₉₀₂

Le lendemain même de son arrivé à Auvers, le 20 mai 1890, il avait appris que la veuve de Charles-François Daubigny y séjournait toujours – comme celle de son ami Honoré Daumier, dont il avait non moins fréquemment cité le nom, lui aussi disparu depuis douze ans. L'été, Marie Daubigny, qui résidait d'ordinaire à Paris à Montmartre, rue Lepic, à cinquante pas de là où Vincent et Theo avaient vécu, venait occuper la grande maison, à quatre minutes de marche de l'auberge Ravoux où Vincent avait pris pension dès son arrivée.

Quatre jours plus tard, il évoquait le village *décidément fort beau* et la haute figure qui lui était attachée : « *Ici on est loin assez de Paris pour que ce soit la vraie campagne mais combien néanmoins changé depuis Daubigny. Mais non pas changé d'une façon déplaisante, il y a beaucoup de villas & habitations diverses modernes et bourgeoises, très souriantes, ensoleillées et fleuries.* »₈₇₅

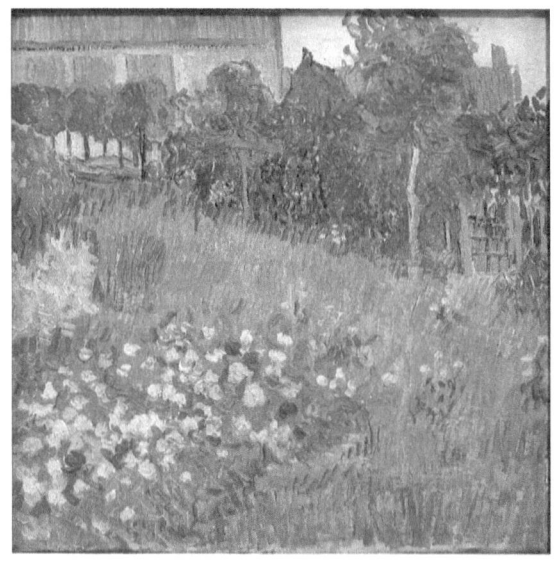

Peu avant la mi-juin, il avait poussé le portail de l'une de ces demeures, moderne, bourgeoise, souriante, ensoleillée et fleurie, acquise treize ans plus tôt, et obtenu de sa propriétaire, Marie Daubigny, l'autorisation de poser son chevalet dans le jardin.

Sa lettre du 18 juin[38] évoque la toile qu'il rapporte et le projet de récidive aussitôt conçu :

38. Vincent se référant invariablement à la date de réception lorsqu'il évoque les lettres reçues : « *ta lettre de ce*

« *J'ai une idée pour faire une toile plus importante de la maison & du jardin de Daubigny dont j'ai déjà une petite étude.* »[889] Vincent ayant l'intention de peindre « *une toile* » et non deux, les relevés savants qui soutiennent que cette phrase renvoie aux deux grandes toiles sont simplement erronés.[39] Il faut choisir.

Sûr de son fait, il avait conçu une vue combinant ce que la réalité lui offrait, rapprochant l'église beaucoup plus à droite et coiffant de manière insolite la bâtisse rendue majestueuse du toit de l'étroite villa Ida qui la surplombait. Illustrant ce qu'il percevait « *de sain et de fortifiant dans la campagne* », il évoqua, le 13 juillet, pour son frère la *toile plus importante* annoncée : « *Maintenant la troisième toile est le jardin de Daubigny, tableau que je méditais depuis que je suis ici.* »[898]

Le tableau très élaboré, la plus calculée et la plus voulue de toutes les toiles auversoises, n'était cependant peut-être pas achevé. La façade et l'herbe rosies par le soleil, les fleurs très étudiées, les feuillages se distinguant l'un de l'autre au moment du quart d'heure magique ne pouvaient pas, pour faire vrai, pour rester vrai, être repris sous n'importe quelle lumière et, en ce pluvieux mois de juillet qui gardait l'herbe verte. Il a peut-être fallu attendre une occasion propice pour l'achever.

Contrairement aux sujets que Vincent représentait d'ordinaire, celui-là n'était pas dans l'espace public. Retourner sur le motif supposait d'obtenir de nouveau l'autorisation, d'emporter la toile longue d'un mètre, d'installer l'attirail chez une dame, certes fort probablement aimable, mais qu'il ne connaissait qu'à peine.[40]

---

matin… », « *ta lettre d'hier…* », il n'est pas raisonnable de conserver la date de 17 juillet retenue par l'ensemble de la littérature pour cette lettre qui contient : « *ta lettre d'avant-hier* ». Se serait-il référé à la date que Theo avait inscrite sur celle dont il accuse réception, qu'il lui aurait répondu : *Merci de ta lettre du mois prochain…* Theo ayant, par mégarde, daté son courrier « 15 juillet » au lieu de : 15 juin.

39. Ronald Pickvance, Jan Hulsker, Musée Van Gogh, etc.

40. Rien n'indique de proximité. Dans sa lettre à Theo qui fait office de condoléances, Marie Sophie n'a pas de mots montrant un lien établi. Elle se donne pour seule qualité d'avoir vu peindre un « malheureux ».

Le *Jardin* fut achevé et, dix jours plus tard, la fierté de son aboutissement fut consignée dans la lettre du 23 juillet avant qu'il ne soit croqué et décrit en *post-scriptum*.

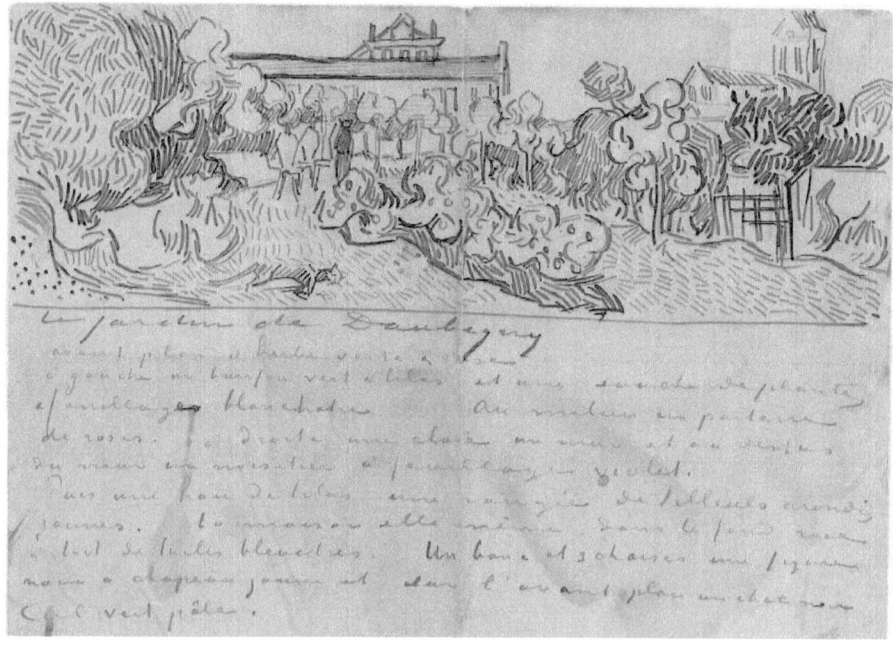

Peut-être verras-tu ce croquis du jardin de Daubigny – c'est une de mes toiles les plus voulues –

Le jardin de Daubigny

avant plan d'herbe verte & rose, à gauche un buisson vert & lilas et une souche de plantes à feuillage blanchâtre. Au milieu un parterre de roses. à droite une claie, un mur et au-dessus du mur un noisetier à feuillage violet.

Puis une haie de lilas, une rangée de tilleuls arrondis jaunes. la maison elle-même dans le fond, rose à toit de tuiles bleuâtres. Un banc et 3 chaises, une figure noire à chapeau jaune et sur l'avant plan un chat noir. Ciel vert pâle.[902]

On notera au passage que le dessin est antérieur à la rédaction de la lettre, puisque Vincent dit « *ce croquis*». On peut, par commodité, le dater du même jour, on peut penser qu'il a été fait peu avant le dessin d'après les Vieux Chaumes, au dos, («*j'y joins*») et « *les croquis de 2 toiles de 30 représentant d'immenses étendues de blé après la pluie*», sur une autre feuille, mais on ne saurait, dans la discussion sur l'incidence de la date du croquis pour la datation précise du *Jardin*, prendre argument de la date de la lettre pour garantir que Jardin vient de naître, au contraire de ce qui a été fait avec la nonchalance habituelle. D'autant qu'il n'y a pas de lettre de Vincent à Theo entre la lettre$_{898}$ du 13 juillet qui mentionne la grande toile du *Jardin* pour la première fois et la lettre,$_{902}$ dix jours plus tard, à laquelle le croquis est attaché.

Evoqué le 13 juillet,[41] le tableau longuement médité, demeure unique au 23. Il est «la toile plus importante», *voulue*, prévue de longue date et désormais achevée. Il reste en tout et pour tout trois jours de travail à Vincent avant le fatidique 27 juillet. Si répétition il y avait eu, elle n'aurait pu être peinte qu'au cours de cette période, mais il est d'ores et déjà certain que, lorsque la dernière lettre se ferme, un seul grand *Jardin de Daubigny*$_{776}$ existe. Il se laisse identifier sans grandes difficultés, pourvu qu'on s'y attache.

---

41. Les datations erronées de certaines lettres d'Auvers font écran, mais la lettre du 13 juillet/898 qui annonce la mise en chantier de la grande toile du *Jardin de Daubigny* pouvait bien se dispenser d'évoquer l'état d'avancement. Theo et Johanna partent en vacances, Vincent sait qu'il trouvera le temps de l'achever avant leur retour.

7

Lectures de biais

1986, *Metropolitan museum of Art* de New York, catalogue de
l'exposition « Van Gogh à Saint-Rémy et Auvers » :

> [La toile de Bâle$_{777}$ présente] « tous les signes d'une « étude faite
> d'après nature » et l'inscription est de la main de Van Gogh.
> Ceux qui contestent l'authenticité de la peinture au regard
> de la seconde version ne parviennent pas à saisir la nature
> et la fonction propre de chaque oeuvre. La seconde version
> est clairement la répétition d'atelier, ses touches sont plus
> structurées et systématiquement contrôlées. »

Par quelle étonnante facétie, Ronald Pickvance, professeur
émérite d'art à l'Université de Glasgow et spécialiste de la peinture
française de 1848 à 1914, qui avait retenu les deux versions du *Jardin
de Daubigny* pour son exposition sans s'offusquer de la flagrante
différence de facture, s'est-il figuré que le *tableau* signalé le 13 juillet[42]
était l'« esquisse », différent de la toile aboutie, pourtant dite unique
dans la lettre du 23 ? Le contraire de ce que Vincent dit.

Il s'exposait ainsi à ces jugements définitifs qui avaient ponctué
les querelles d'experts de Van Gogh autour de l'affaire Wacker
s'accusant mutuellement, comme le disait Ludwig Justi de Wiliam
Scherjon, de ne savoir ni lire, ni citer, ni voir.

---

42. Date reprise par ses émules, Pickvance retient à tort les environs du 10 juillet pour la lettre 898 (alors 649).
Voir mon *Quand tout bascule,* CreateSpace, 2016, pour la date de l'ancienne 648 devenue RM 20.

Une connaissance approximative de l'art de Vincent avait conduit Pickvance à trouver dans la mauvaise réplique les attributs d'une saisie sur le vif. En présence de deux toiles dont il s'agit de définir l'ordre de réalisation, le premier soin est d'examiner les détails qui ne sauraient mentir. Le seul fait que le chat, au départ anecdotique fortuitement surgi et immortalisé, soit, dans la toile de Bâle[777] peint «en réserve», et non ajouté sur une herbe déjà peinte, nous indique qu'il s'agit d'une copie. Occupé à bien faire et à conserver les 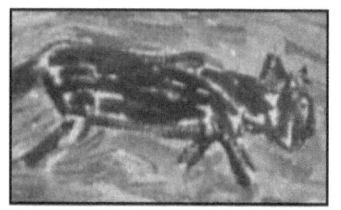 attributs de l'original pour lui d'exécution délicate, le méticuleux copiste a d'abord peint le chat puis l'herbe. La toile n'est pas sur le vif, mais bien d'après le «tableau» de Vincent. L'un avait peint un jardin ensoleillé rendu vivant par l'ajout d'une *figure noire à chapeau jaune* et celui d'un chat, noir lui aussi, l'autre reproduisait, bout par bout, un tableau sur lequel il y avait un chat.

Le dilettantisme avait également conduit Pickvance à tenir pour autographe de Vincent l'assez gauche inscription *Le jardin de Daubigny,* dont Schuffenecker avait équipé sa singerie. Son habitude à dispenser ses leçons lui avait fait dire que les contestataires étaient des ânes ne distinguant pas le brouillon de la chose finie, l'esquisse du tableau, bien que, fier de s'être attaqué à son projet, Vincent ait choisi, «*tableau*» pour l'évoquer, terme qu'il n'utilisait qu'avec parcimonie, opposé à ce qu'il produisait d'ordinaire : des «*études*». L'oubli que la peinture ne se plie pas aux «c'est la seule solution!», *eurêka* trop vite poussés, avait fait le reste. Au nom de Vincent et contre lui.

Accepter des Van Gogh à la touche débraillée d'un homme à la main sûre – «Quelle éloquence court à travers le *Jardin de Daubigny*» écrivait encore un critique avant que la querelle sur les deux versions n'éclate[43] – procède toujours d'une curieuse conception. Il avait

43. J.-F.-Louis Merlet, *Floréal, l'hebdomadaire illustré du monde du travail*, 24 juin 1922.

fallu au passage oublier que Vincent, censé réaliser de formidables répliques d'atelier ne disposait pas d'atelier à Auvers. Si on peut faire valoir qu'il a parfois répété certaines de ses oeuvres, on ne saurait pour autant oublier qu'après les *Mangeurs de pommes de terre*, la première répétition date d'Arles (les deux doubles antérieurs, le *Prisonnier hollandais*$_{171a}$ et les *Moulin de la galette*$_{228\&226}$ ne sont pas authentiques) quand il obtint l'autorisation d'utiliser un appentis qui lui fit office d'atelier.

Sans ménage fait dans les fameuses «répétitions» qui abusent de sentencieux malvoyants,[44] l'argument d'un Van Gogh bégayeur compulsif à Arles ou à Auvers, relève du mythe. Sa chambre, celle du premier étage d'où il a peint la *Mairie d'Auvers le 14 juillet*$_{790}$ – et non la misérable mansarde au vasistas blafard du second, vendue (six euros) aux pèlerins consentants avec la chaise du même bois – est exiguë et il n'a pas, à Auvers, d'endroit où copier une toile longue d'un mètre sur une toile de même format.

Et quand bien même! En quoi le fait que Vincent ait répété certaines de ses toiles en validerait une seule autre? Et si justement la règle inviolable était : toute copie de son propre travail absente des lettres de Vincent est fausse? Qui se serait soucié de vérifier la validité de ce postulat? Qui aurait une preuve, un semblant de preuve, permettant de l'infirmer? L'acceptation des deux versions, après la polémique berlinoise, avait néanmoins des précédents.

Espérant trouver un soutien, Staechelin était allé recueillir l'avis du fils du docteur Gachet. Il le connaissait pour l'avoir rencontré en 1934 lors d'échanges préparant l'acquisition du *Portrait de Marguerite Gachet au piano*$_{772}$ par le *Kustmuseum* de Bâle à laquelle il allait contribuer. Il était loin d'imaginer que le digne rejeton du docteur faussaire, qui du haut de ses 16 ans avait trois fois vu Vincent et se présentait toujours davantage comme son ami proche

---

44. Voir par exemple l'ahurissant catalogue *Van Gogh Repetitions* commis en 2014 par quatre mousquetaires de l'ignorance dont on taira, par courtoisie, les noms.

et l'unique témoin de ses derniers jours ne pouvait évidemment témoigner de rien. Ne pouvant se prononcer, il obtint que Staechelin – «une connaissance presque un ami» – apporte la copie$_{777}$ à Paris. Plus précisément, Staechelin, qui avait obtenu, pour laver l'affront, essuyé à Berlin que sa toile soit exposée à l'*Exposition internationale des arts et techniques de la vie moderne,* de 1937, profita de l'occasion pour la lui soumettre. Après examen, Paul Gachet lui déclara qu'il avait là «une oeuvre merveilleuse et authentique».

Dans un courrier au fils de Theo l'année suivante, il confirmait son certificat, déclarant le tableau «sali par le temps», mais soulignant «véritable absolument».$_{b3421}$ Sa conviction ne devait rien au souvenir de 1890. Il se rappelait simplement avoir vu la toile de Fayet (en 1905 aux *Indépendants*) et la version des Schuffenecker (en 1908, à la galerie d'Eugène Druet) sans s'être avisé, plus que quiconque, qu'une des deux versions ait pu être moins bonne ou fausse. Il le dit dans un courrier de la fin 1938 qui admet que le livret de 54 pages de «Stächelin-Ubervasser ne prouve pas grand chose» et s'en sort avec une pirouette à sa façon : «Remarquez qu'il ne s'agit, en tout cela, que de toiles dignes d'être prises pour des 'vrais'.»[45]

Son acceptation de deux versions était d'origine documentaire. Il avait lu que Meier-Graefe avait, en 1918, situé la toile de Berlin dans la collection de Johanna Van Gogh, il ne pouvait aller contre faute de savoir qu'il s'agissait de la *petite étude.*$_{765}$ Il en déduisait donc que les deux versions étaient toutes deux authentiques et passait, à peu de frais, pour un expert de Vincent, comme nombre de ses petits camarades. Ce n'est qu'après, dans son roman à clefs qui ne sera publié que 32 ans après sa mort,[46] que prendra forme la fable de la toile de Bâle,$_{777}$ *première version.*

Sur la même ligne de chance, la troisième version du catalogue de la Faille, révisé de 1962 à 1970 sous la responsabilité d'un connivent

45. Paul Gachet à E. Buckman du 27 décembre 1938 (arch. VGM)
46. Paul Gachet, *70 jours de Van Gogh à Auvers*, Valhermeil, 1994 (commentaires d'Alain Mothe)

cartel de bras cassés authentifieurs à temps partiel, mis en place par l'Etat néerlandais, a opté pour l'authenticité des deux versions, préparant la réhabilitation de la copie bâloise.

On cherchera en vain des raisons intrinsèques à la validation de la copie que la *Correspondance* et l'examen balaient. Simplement, la science d'historien de l'art avait, comme toute science non contenue dans son champ d'application, étendu son domaine. L'étiquette poussiéreuse de conservateur de musée se débarrassait du costume d'obscur connaisseur pour endosser les habits neufs de présentateur, les accessoiristes paradaient sous les feux des projecteurs, les documentalistes devenaient écrivains, le musée s'affichait, permettant de rentabiliser les trésors sans prix accumulés en ses sanctuaires, la gracieuse publicité de l'enthousiasme médiatique faisait le reste.

L'exposition de Pickvance s'était tenue à New York, endroit du monde où la réclame et l'industrie du spectacle faisaient depuis longtemps recette. En 1984, les visiteurs s'étaient pressés par centaines de milliers à l'exposition *Van Gogh en Arles*. Déjà sensibilisés par la niaiserie d'Irving Stone romançant la vie de Vincent – portée à l'écran par Vincente Minelli, performance à grand spectacle dans lequel Kirk Douglas incarnait un Van Gogh non moins imaginaire – les visiteurs avaient majoritairement eu le sentiment d'avoir vécu une « expérience émotionnelle intense ». Adroitement canalisé, le public américain aimait la peinture. *Fast feeding,* la culture minutée le comblait, le temps passé devant un tableau descendait au-dessous de la minute, lecture d'étiquette comprise. On « communiait » ainsi avec Van Gogh. Il s'était agi, en 1986, avec la nouvelle exposition sur Saint-Rémy et Auvers, de creuser la veine, de rééditer l'exploit qui avait constitué un record d'affluence mondial. Le succès à tourner la tête en appelait d'autres.

Il fallait trouver des oeuvres et, *guest curator* d'un show que les spécialistes locaux ne savaient entreprendre, Pickvance, spécialiste tout terrain, avait repéré ce qui pouvait faire l'affaire. Ainsi d'une mauvaise réplique₆₅₉ du *Jardin de l'asile*,₆₆₀ dûment labellisée « faux » – c'est inscrit au dos par le fils de Theo – enregistrée comme tel, en 1987, dans le très officiel inventaire du *Rijkmuseum Vincent Van Gogh* recensant ses trésors.[47]

Une opportune erreur, aujourd'hui admise, de lecture des lettres de Vincent (qui au contraire écartent cette réplique), et sa complicité avec Ronald de Leeeuw et Louis Van Tilborgh, directeur et conservateur néophytes, permettait à Pickvance de la présenter à New York comme authentique. Sans l'irrésistible appel du *show business*, Pickvance ne se serait pas fourvoyé. Sans cette sirène, il n'aurait pas non plus pu concevoir que deux grandes toiles du *Jardin de Daubigny* étaient authentiques, quand Vincent évoquait un unique *tableau*.

L'historien d'art avait ainsi investi un domaine que lui abandonnaient les habituels montreurs d'ours, cette fois incapables de calculer les indispensables notices valant garantie. Apparemment éminemment savant, reposant sur une biographie toujours plus précise et sur l'illusion que l'on ne pouvait être trompé, le discours était repris par les bateleurs de profession, petite nuée de mouches de coche bonnes à tout faire. Ne pouvant négliger les avantages des retombées de la gloire de Van Gogh, d'autant que leurs innombrables citations avaient contribué à la construire, les médias assuraient la publicité gracieuse qu'on attendait d'eux, comme ils le feront quand il s'agira de faire mousser les (faux) *Tournesols*₇₅₇ avant l'adjudication de l'année suivante qui fera, sous couvert de Van Gogh, d'Emile Schuffenecker le peintre le plus cher du monde.[48]

---

47. Han Crimpen, Rijksmuseum Vincent Van Gogh Meulenhoff/Landshoff, 1987
48. Hanspeter Born & B. Landais *Schuffenecker's Sunflowers And Other Van Gogh Forgeries* CreateSpace 2014

Nombre de copistes pillant aimablement le travail d'authentiques chercheurs, parfois fourvoyés, parvenaient à s'imaginer eux-mêmes connaisseurs. Les ouvrages sur «Van Gogh» fleurissaient, reproduisant les mêmes erreurs, chicanant parfois un point de détail, mais laissant intactes des bévues toujours rendues plus vraies. Une vérité nouvelle consensuelle naissait, qui allait faire merveille, le faux devenait l'étude préparatoire du vrai. Conseillé par Pickvance, le musée Van Gogh d'Amsterdam rééditait en 1990 l'exploit new-yorkais.

Deux ans plus tard, sollicité pour assurer à Paris la vente chez les commissaires-priseurs Binoche et Godeau d'un autre *Jardin* zombi, Pickvance répétait sa lecture et lui donnait plus d'épaisseur encore. Le *Jardin à Auvers*₈₁₄ dont il assurait la promotion n'était autre que celui qu'avait envoyé Julien Leclercq à Johanna Van Gogh en mai 1901 en lieu et place du *Jardin de Daubigny* qu'il lui avait annoncé. Il avait si peu à voir avec l'art de Vincent qu'il a fait l'objet de divers retours sur vente et a été déclaré faux par divers spécialistes. On parvint à le cacher.

Contée par Pickvance, l'obsession de Van Gogh pour le *Jardin de Daubigny* avait pris corps. Pour lui, Vincent avait peint quatre *Jardin de Daubigny*… au lieu de deux. La *petite étude*₇₆₅ de la mi-juin avait été suivie de la toile de Bâle₇₇₇ prise sur nature, puis de celle de Hiroshima₇₇₆ déguisée en indiscutable réplique d'atelier et enfin dans les trois jours qui séparaient la dernière lettre au croquis de la balle fatale, le *Jardin à Auvers*₈₁₄ préfigurant l'art nouveau.

Les deux *Jardin de Daubigny* étaient désormais authentiques, pages publiées par centaines – par dizaines de milliers quand internet s'en emparera – mentionnant au mieux une polémique ancienne déclarée soldée.

On s'amusera de la belle assurance des commentateurs de la nouvelle édition de la *Correspondance* proposant en note, au bout de la phrase de Vincent disant : «*J'ai une idée pour faire une toile plus importante*» : «les* plans* [sic et re] de Vincent pour une peinture plus grande conduisirent en fait… » à deux.[49] Ou après : «*c'est une de mes toiles les plus voulues*»₉₀₂ : «Van Gogh a peint deux grandes toiles du *Jardin de Daubigny*».[50] La vérité est devenue celle des commentateurs, suffisants garants des faux.

Leur sagacité partout s'illustre. Le «*Peut-être verras tu ce croquis du jardin de Daubigny*» précédant «*c'est une de mes toiles les plus voulues*» ne pouvant convenir, puisque Theo verra le croquis dans la lettre que Vincent a l'intention d'envoyer, achèvera, et enverra, nous en sommes réduits à tender de deviner le sens des mots. Le commentaire de la *Correspondance* affirme : «Vincent veut dire que Theo verra un jour la peinture d'après laquelle le croquis a été fait».[51] Le «peut-être», supposition ou possibilité, écarte cette interprétation. Vincent sait, au moment où il écrit que Theo verra, «un jour», la toile. Le sens est nécessairement autre : *Peut-être verras-tu* [quelque chose à/dans] *ce croquis*, ou : *verras-tu*/imagineras-tu [le jardin de Daubigny dans] *ce croquis…*

Les erreurs partagées n'ayant jamais fait une vérité durable, on peut délaisser ces belles assurances pour suivre pas à pas le passionnant tricotage de l'imposture.

---

49. Lettre 889, note 10 : *Vincent's plans for a larger painting eventually resulted in* Daubigny's garden *(F 776 / JH 2014) and* Daubigny's garden *(F 777 / JH 2015)*.

50. *Vincent means that Theo will one day see the painting after which the letter sketch (F - / JH 2106) was made. Van Gogh painted two large canvases of* Daubigny's garden : Daubigny's garden *(F 776 /JH 2014) and* Daubigny's garden *(F 777 / JH 2015). In letter 898 he mentioned the first version of the painting, (F 777 / JH 2015). The letter sketch in the present letter was made after* Daubigny's garden (F 776 / JH 2014)

51. Lettre 902, note 7 : «*Vincent means that Theo will one day see the painting after which the letter sketch F - / JH 2106 was made.*»

8

De Vincent à Schuffenecker

La balle tirée le 27 juillet ne laissera qu'un court répit. Vivant ses dernières heures, Theo à ses côtés, Vincent lègue, le 28 juillet 1890, son tableau à Marie Daubigny. Il sera, selon le souvenir de la fille de l'aubergiste, exposé avec d'autres des dernières études sur les murs de l'arrière-salle de l'auberge faisant office, le 30, de chambre mortuaire.[52]

Des Pays-Bas où il est parti retrouver sa mère, Theo informe Marie Daubigny du voeu de Vincent. Elle lui répond le 12 août, disant sa surprise et le remerciant du legs : «En voyant votre malheureux frère faire ce tableau qu'il a bien voulu me léguer, j'étais loin de penser que j'en deviendrais la propriétaire. Je vous remercie Monsieur et vous prie de croire que j'ai bien pris part à votre peine. Recevez Monsieur l'expression de mes sentiments distingués.»[53]

Si elle devient propriétaire en titre, elle ne détient pas la toile. La lettre de Theo est perdue, mais on peut deviner qu'elle promettait que la toile offerte, au format tout sauf standard, lui serait remise dès qu'elle serait équipée d'un cadre. Ainsi que l'estimait Jan Hulsker, il était impensable de remettre à la veuve de l'un des tout premiers

---

52. Pour Susan Stein du Metropolitan, il s'agissait de la copie de Schuffenecker F 777, voir *Van Gogh, A retrospective* 1986, p. 215

53. Marie Sophie-Daubigny à Theo Van Gogh, Auvers, 12 août 1890, archives VGM, b.1014.

paysagistes français une toile volante ou simplement tendue sur son châssis.

Le *Jardin* reste en dépôt chez le marchand Julien Tanguy où Maurice Beaubourg le remarque fin août, avant de l'y signaler, début septembre, dans la *Revue indépendante*.[54]

La remise du tableau n'aura pas lieu. Déjà miné par la maladie, Theo, qui n'a que son dimanche et veut avant tout trouver un moyen de montrer les oeuvres de son frère, perd pied le 9 octobre et est interné le lendemain.

Un mois plus tard, le peintre Emile Bernard, le marchand Julien Tanguy et Andries Bonger, le beau-frère de Theo, dressent l'inventaire des Vincent de la collection de la famille afin de contracter une assurance. Deux *Jardin de Daubigny* y sont enregistrés. La *petite étude*765 de la mi-juin 1890, d'abord sobrement intitulée *Jardin*,[55] et : *285 Jardin de Daubigny,*776 *40 en long*. Il ne s'agit pas d'une véritable toile de 40 points, mais le format «double carré» – adopté par Vincent en juin pour onze paysages auversois[56] et un portrait,772 – n'a pas de dénomination officielle.

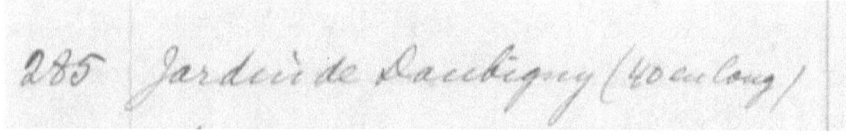

La mort de Marie Daubigny à la veille de Noël et celle de Theo le 25 janvier 1891 éteignent le legs. La toile reste à Paris[57] chez Tanguy, où le voit le peintre Francis Jourdain, qui fera acheter deux Vincent par son père. Elle va bientôt être exposée.

---

54. «… *la Maison et le Jardin de Daubigny*, d'Auvers, un très beau *Sous bois* vert sur vert, sans presque de ciel, d'Auvers également.»
55. 271 du catalogue *Jardin [de Daubigni*] (10)
56. Numéros Faille : 770, 771, 773, 775, 776, 778, 779, 793, 809, 811 et 816.
57. Contrairement à celle de la *petite étude* «*Jardin, 271*» et à la grande majorité de celles des toiles bientôt envoyées aux Pays-Bas, l'entrée du «*Jardin de Daubigny, 285*» n'a pas été cochée au crayon dans l'exemplaire de l'inventaire conservé par la veuve de Theo. Archives VGM.

En 1892, Emile Bernard, rassemble 16 toiles de Vincent, appartenant à différents propriétaires, une partie provient du lot d'oeuvres laissé en dépôt par Johanna Van Gogh chez Julien Tanguy. En 1911, dans le souvenir de Bernard, toutes les oeuvres avaient été prêtées par Tanguy, mais les identifications permises par les titres des catalogues et des documents d'archives montrent que ce ne fut pas le cas.

Lié d'amitié avec Louis Lebarc, Bernard les présente rue Lepelletier, à la galerie Le Barc de Boutteville, haut lieu d'un *Symbolisme* alors en vogue. Cinquième des 16 toiles, le *Jardin*, reçoit pour intitulé, dans la gravure sur bois qui fait office de catalogue : *Jardin d'un mas*. Même si ses intitulés sont parfois liminaires, Bernard n'a pas choisi celui-ci pour économiser sa peine, il a simplement oublié qu'il s'agissait du *Jardin de Daubigny* qu'enregistrait le catalogue de la collection de Theo qu'il avait contribué à établir. Il a cru y voir une toile peinte en Provence, comme *mas* l'indique.

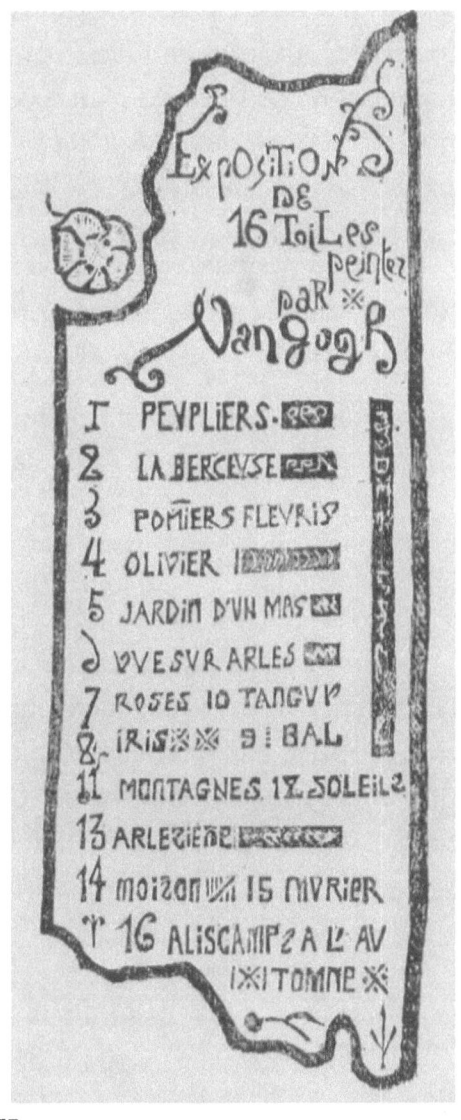

Il s'agissait cependant bien du *Jardin de Daubigny*.[776] Charles Saunier, l'évoque en rendant compte de l'exposition pour *L'En-dehors*. S'affranchissant de l'intitulé de Bernard, ce critique toujours attentif et très pointilleux note : « de ravissantes maisons à la campagne peintes en rose embellies par des volets, comme celle de la *Maison de Daubigny* à Auvers. » L'astucieuse combinaison des couleurs complémentaires, rose pour la maison, vert pour ses volets, avait manifestement séduit le critique.

La présence du *Jardin* à l'exposition chez Lebarc ne fait plus aujourd'hui de doute,[58] mais une incertitude demeurait sur son identification dans le bois de Bernard, puisque, comme Camille Mauclair,[59] Charles Saunier évoquait 17 toiles exposées, tandis que le catalogue de Bernard n'en recense que 16.[60] Il apparaissait donc possible que le *Jardin de Daubigny*₇₇₆ fût la « dix-septième » et non pas le « *Jardin d'un Mas* ».

Un document de Paul Napoléon Roinard s'essayant à la critique d'art, résout ce point[61], avec sa reprise de l'intitulé du catalogue :

> « Parmi les assoiffés de couleur, il convient de ranger Vincent Van Gogh. Ses *Peupliers* qui appartiennent à M. Albert Aurier sont d'une rare puissance, son *Jardin d'un Mas*, ses *Pommiers fleuris*, et surtout sa *Récolte des Olives*, offrent un relief et une palpitation qui évoquent les souffrances contorsionnées et géantes d'un tempérament athlétique. »[62]

Ce commentaire, dérivant nécessairement de l'observation, nous confirme, comme le laissaient supposer l'étrange intitulé *Jardin d'un mas* proposé par Bernard et la description « *Maison* » de Saunier que l'inscription « le jardin de Daubigny », ne figurait pas sur la toile et qu'il s'agissait donc bien de celle, aujourd'hui au musée de

---

58. Walter Feichenfeldt, qui a renoncé depuis à son identification à l'aveugle, avait cru pouvoir identifier un autre *Jardin*, référencé F 578, dans son ouvrage *Van Gogh, The Years in France* 2009-2013.

59. Voir Camille Mauclair, *Revue indépendante*, Beaux-Arts, avril 1892, pp 139-140 sont exposées 17 toiles et plusieurs dessins. Deux autres revues de l'exposition en signalent pour leur part « 12 ».

60. Les fioritures de Bernard et le découpage de l'intitulé des *Aliscamp2 à l'av - tomne*, n° 16 semblent avoir été à l'origine du 17e.

61. Document déniché par le chercheur Jean-Paul Morel en 2016.

62. Paul-Napoléon Roinard, « Anarchie d'art », *L'Art social*, n° 6 (mai 1892), pp. 126-131.

Hiroshima,[776] non pas de celle de Bâle[777] (qui n'existait pas encore et qui aura, comme un certain fromage, son nom écrit dessus).

Petit détail tout sauf futile, qui sont les propriétaires des oeuvres, presque toutes «de dimensions», que Bernard expose alors? Des croisements permettent de déduire. Divers emprunts à ceux avec qui il est en contact: Paul Gallimard prête ses *Roses,*[681] Octave Mirbeau ses *Iris,*[608] le peintre Eugène Boch prête des *Montagnes,*[622] Albert Aurier ses *Cyprès*[620] transformés en *Peupliers*, Camille Pissarro son *Mûrier,*[637] Tanguy son *Portrait* et quelques-unes des oeuvres que Johanna van Gogh lui a laissées en dépôt, *Jardin, Tournesols, Pommiers en fleurs…* Bernard lui-même prête peu, une *Berceuse* qu'il a mise en dépôt-vente chez Tanguy ou des *Alyscamps*, mais, carottée, la grande majorité de ses quelque vingt-cinq Vincent ne saurait être montrée. Dix-huit ans plus tard, Il se souviendra confusément de toiles uniquement empruntées à Tanguy: «Alors que tout fut retourné en Hollande, et que seul Julien Tanguy, le marchand de couleurs de la rue Clauzel avait encore quelques tableaux, je fis chez Boutteville l'exposition de Vincent».

Sans inscription permettant de l'identifier, présenté comme *Jardin d'un mas*, le *Jardin de Daubigny*[776] confié par Tanguy est, depuis la mort de Vincent, détenu par la famille Van Gogh. Pour deux ans encore.

En février 1894, à la mort de Tanguy, qui ne vendait plus les Vincent dont il s'efforçait de soutenir la cote, réclamant «*sixcent franc*»[63'] pour les toiles de cette qualité, Emile Schuffenecker se presse chez sa veuve… qui le renvoie à Johanna Van Gogh.

Masquant l'identité des deux toiles qu'il convoite derrière des intitulés anodins, «*Fleurs*» pour l'une et «*Paysage*» pour l'autre, Emile Schuffenecker – qui se présente en artiste démuni en dépit de son aisance: «Comme je vous le dis dans ma lettre cette somme

---

63. Selon un courrier la fin février 1894 de Madame veuve Tanguy à Dries Bonger: «sixcent franc le prix que mon mari le fesaient…» Archives VGM, b 1446.

modique est pour moi un sacrifice», ainsi qu'il l'avait fait avec Theo en septembre 1890[64] – se propose d'acquérir à prix fort avantageux les *12 Tournesols*,[455] aujourd'hui à Philadelphie, et le *Jardin de Daubigny*.[776]

> «Pour les tableaux, je vous offre 300 francs pour les fleurs et 200 francs pour le paysage qui est plus petit ce qui fait 500 francs pour les deux.»[65]

Il les acquiert début mars, règle à la veuve de Julien Tanguy un surcroît de commission de 25 francs dont il aurait préféré se dispenser, mais, en dépit de sa promesse de conserver les deux toiles dans «une maison où la gloire de votre grand beau-frère est honorée»,[b1428] il revend bientôt les *Fleurs*[455] apparemment à son ami Auguste Bauchy, le patron du Café des variétés – qui avait vainement tenté de rééditer son exploit[b1206] en proposant d'acheter à petit prix un grand *Paysage de Montmartre*,[350] lui aussi en dépôt parmi la douzaine d'oeuvres restée chez la veuve de Julien Tanguy.[66]

Schuffenecker conserve le *paysage*, alias : *Jardin de Daubigny*[776] et ne peut résister à l'exercice périlleux d'en peindre une copie. C'est une sorte de réflexe chez lui. Il a déjà réalisé une copie de l'*Arlésienne*,[489] copie[488] qui fera une belle carrière jusqu'à New York, où elle abuse toujours conservateurs et visiteurs du Metropolitan Museum of Art.[67]

L'acquisition du *Jardin de Daubigny*[776] étant connue, Emile Schuffenecker ne peut espérer faire passer sa copie pour un authentique Vincent. L'habileté, à tout coup conçue par le critique Julien Leclercq – avec qui «Schuffenecker, mon ami» est désormais en étroites relations d'affaires – va cependant leur permettre de

---

64. Lettre de Theo à sa soeur Wil. Il semble que Schuffenecker qui n'ait réglé que le premier des versements que Theo enregistre : « reçu de Mr. Schoeffenecker 100, avec la commission de 15 francs réglée à Julien Tanguy sur les 300 escomptés.»
65. Emile Schuffenecker à Johanna Van Gogh, Paris, 7 mars 1894, b. 1427 (arch. Van Goghmuseum).
66. Auguste Bauchy à Johanna Van Gogh, vendredi 23 mars 1894, b. 1206 (arch. Van Goghmuseum).
67. B. L. *Quatre faux Van Gogh d'Arles parlent,* CreateSpace 2014.

conserver l'indiscutable «provenance Johanna Van Gogh» et de l'affecter à sa copie.

Tanguy n'avait pu manquer de colporter le triple drame propre à conforter un superstitieux – un chat noir traverse une toile et trois propriétaires disparaissent en six mois – ils vont s'en saisir. Faisant intervenir quelque comparse, Schuffenecker et Leclercq bradent la toile de Vincent, la cédant, pour fort peu, au marchand Ambroise Vollard, le 20 mars 1898. Le vendeur, que les livres de compte enregistrent pour « *Van Gogh, Jardin, 100*», est *Madame veuve Daubigny*. Elle est morte depuis sept ans et trois mois, décédée en son domicile parisien rue Lepic, le 22 décembre 1890 à sept heures du matin, pour être précis.[68]

Qui s'en soucierait? Plus personne n'ira vérifier ni voir madame Tanguy. Ne l'ayant jamais vu, Johanna Van Gogh n'a aucune idée du «*paysage*» qu'elle avait vendu. Et puis, où serait le mal? La toile acquise par Vollard est parfaitement authentique. Foi de livre de comptes, le marchand garantira à qui le souhaite qu'il tient la toile de *Madame veuve Daubigny* et nul ne peut soupçonner les dessous de l'affaire qui s'est jouée en coulisses.

Le précieux morceau d'historique que la vente par une veuve ressuscitée permet à Schuffenecker de conserver pour sa réplique : «toile achetée chez Tanguy», autrement dit : «toile vendue par Johanna Van Gogh», vaut certificat d'authenticité. *Deux Jardin de Daubigny* «de Van Gogh» existent, celui de Vincent douze fois mentionné, remis dans le circuit, et un autre, faux celui-là, jamais signalé, qui attend son heure dans l'ombre, muni de faux papiers.

---

68. On évitera d'inventer qu'Héloïse Bégon, veuve de Karl Daubigny aurait pu hériter de la toile et la vendre en sa qualité de « Vve Daubigny ». Son mari étant mort le premier, elle n'est pas héritière de sa belle-mère. Elle n'est pas non plus la «Veuve Daubigny» qui remercie Theo du legs et qui aurait ensuite « pu » recevoir le *Jardin*. Marie Sophie, veuve de Charles-François Daubigny a répondu à Theo et personne d'autre. Ce point est également certain.

9

De Vollard à Leclercq

Vollard revend la toile à Ivan Chtchoukine, «homme de lettres»[69] menant grand train, qui achète à crédit, financé par Jack Aghion, banquier «rentier», beau-frère des Bernheim.[70] La cavalerie sera de courte durée et Aghion contraint bientôt son débiteur à lui régler les 20 000 francs qu'il lui doit, dette gagée sur les oeuvres de divers artistes, par une vente forcée le 24 mars 1900 à Drouot.

L'enregistrement, le 23 mars au 4e bureau, déclaration n° 1273 stipule : «tableaux appartenant à M. Ivan Chtchoukine, homme de lettres demeurant à Paris, 91 Avenue de Wagram et ce à sa requête.» Mandat a été donné le 14 mars :

> «Je soussigné Ivan Stchoukine, homme de lettres, demeurant à Paris, avenue de Wagram, 91, donne par la présente pouvoir à M. Josse Bernheim, demeurant à Paris, Rue Laffitte n° 8, de pour moi et en mon nom requérir la vente aux enchères publiques des peintures, aquarelles et dessins par moi donnés en nantissement à M. Isaac Aghion, rentier, demeurant à Paris avenue Victor Hugo, n° 37, à la garantie d'une somme de vingt mille francs que ce dernier m'a prêtée suivant acte passé devant Me Moyne et son collègue tous deux notaires à Paris le vingt-cinq octobre mil huit cent quatre vingt dix-neuf enregistré.»[71]

---

69. Il s'agit bien d'Ivan (1869-1908), le cadet de la famille, flambeur à Paris et non pas de son frère Serguei, dont l'intérêt pour les Impressionnistes sera postérieur.
70. Jacques Isaac David-Rahmin, dit Jack Aghion (1863-1908), époux de Marguerite Esther Bernheim.
71. Archives de la ville de Paris.

Escomptant une vente retentissante, les organisateurs l'ont annoncée dans *Le Figaro, Le Temps, le Journal des arts, Le moniteur des ventes* et *La Gazette de l'hôtel Drouot.* 25 affiches ont été imprimées, et 1 000 catalogues, dont la moitié illustrée, ont été adressés aux amateurs et aux marchands. Numéro 22 du catalogue, présenté comme *La maison de campagne* (50 x 100), le *Jardin de Daubigny*[776] est reproduit.

VAN GOGH
(K.)

22 — *La Maison de campagne.*

Toile. Haut., 5o cent.; larg., 1 mètre.

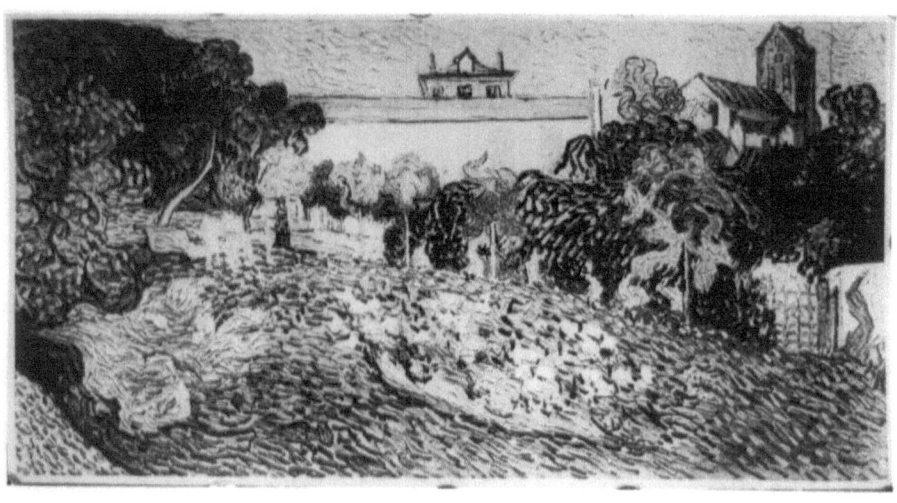

Le procès verbal de la vente consigne qu'Ivan Chtchoukine rachète 19 des 41 oeuvres mises en vente, dont la *Maison de Campagne* pour 1 000 francs. La vente a produit 56 981 francs desquels il faut défalquer les rachats de Chtchoukine pour 37 050 francs et les frais pour rembourser Aghion qui ne reçoit que 13 688,60 francs des 20 000 de sa créance.

Un arrangement aura bientôt lieu qui permettra de la solder et les Bernheim héritent du *Jardin*.[776] Leur intérêt pour les Van Gogh est récent. Ils en ont acheté cinq à Ambroise Vollard et possèdent désormais « sept à huit »[b4134] peintures de Vincent, selon Julien Leclerc qui en retiendra quatre pour l'exposition qu'il organise chez eux en mars 1901. Il semble qu'il faille logiquement ajouter celles de Jos Hessel, leur cousin qui dirige la galerie et qui exposera cinq Van Gogh sous son nom, dont au moins le (faux) *14 juillet*[222] aujourd'hui moribond. Pour Leclercq, qui fera une exception pour les très admirés *Déchargeurs*,[437] cette collection ne comporte « pas d'oeuvres très importantes et de la qualité par exemple des miennes. »[b4136]

A l'exposition, le *Jardin*,[776] a retrouvé le nom que Vincent lui avait donné. Il est présenté, sous le numéro 18, *Le Jardin de Daubigny, Auvers,* comme la propriété de MM Bernheim-Jeune. Leclercq, du moins le prétendra-t-il dans son courrier du 15 avril à Johanna Van Gogh, avait racheté « avant l'exposition mais trop tard pour changer au catalogue » la toile aux Bernheim.[72]

« 5 avril 1901. Avant l'exposition, mais trop tard pour changer au catalogue, j'avais acheté le *Jardin de Daubigny* aux Bernheim. C'est une des plus belles oeuvres qu'il ait fait à Auvers, mais comme il en existe deux exemplaires et que je peux voir l'autre quand je veux chez Schuffenecker, j'aimerais cependant mieux posséder les *Tournesols* qui sans être aussi beaux que ceux de Mirbeau et ceux de Schuffenecker sont cependant différents. Je vous demande donc si vous voulez bien accepter 300 francs et le *Jardin de Daubigny* pour les *Tournesols*. Dans ce cas-là, je garderai à ma charge les frais de restauration de cette toile qui sont de 50 fr. Il a fallu remettre un peu de couleur aux endroits du fond qui étaient tombés, mais cela a été bien fait et il y faut faire grande attention pour s'en apercevoir. On ne pouvait pas faire autrement. Si vous n'acceptez pas, je vous prie de me laisser le temps de vendre le *jardin de Daubigny* pour pouvoir vous acheter les *Tournesols*. »

72. Julien Leclercq à Johanna Van Gogh, 5 avril 1901 b.4041 (archives Van Gogh museum)

La machination est sur les rails. Leclercq ne dit pas la vérité. Il n'a pas *acheté* la toile, il l'a *échangée* et l'échange a eu lieu *après* l'exposition. La preuve d'un échange postérieur est fournie par une lettre qu'il avait adressée à Johanna Van Gogh lui annonçant que tous les siens figuraient parmi «les plus admirés». Le *Jardin de Daubigny*[776], n° 18 du catalogue, n'est pas parmi eux.[73] La perspective de l'échanger aux Bernheim n'a été envisagée qu'à l'issue de l'exposition et Leclercq, dont l'histoire n'était pas encore au point, avait pris le soin de masquer derrière un autre intitulé le nom de la toile qu'il souhaitait obtenir :

> «Je ferai peut-être un échange avec Bernheim pour mes *Coquelicots* contre les *Déchargeurs sur le Rhône*. Ils me l'ont offert, je vais réfléchir jusqu'à demain. J'aime franchement beaucoup ces *Déchargeurs*. L'exposition finit samedi soir.»[74]

Le délai de réflexion *jusqu'à demain*, à la veille de la clôture de l'exposition, de l'entreprenant Leclercq qui se décide toujours sur l'heure aura fait sourire les observateurs de ses manigances. Ses *Coquelicots*[581] sont bien susceptibles d'échange, mais pas les *Déchargeurs*.[437] Nuance, *lui* a proposé aux Bernheim l'échange assorti d'une compensation financière. Devant se concerter, ils ont demandé un délai avant de lui donner leur réponse. Une lettre de Maurice Fabre, évoquant pour Fayet le *Jardin* en reprenant ce que Leclercq lui a confié, détaillera :

> «Leclercq l'a acquise dans un échange avec Bernheim. Il avait donné une toile de Van Gogh, – *les Coquelicots* – contre 1500 frs et le *Jardin de Daubigny*, que Bernheim avait payé mille francs à la vente de Chtchoukine le 24 mars 1900. Leclercq a fait rentoiler, encadrer... cette toile...»[75]

---

73. «Les tableaux les plus admirés sont les n°s 9, 4, 17, 26, 28, 29, 33, 34, 35, 36, 49, 50, 51, 52, 59, 62, 63. Tous les miens y sont, c'est donc que j'ai bien choisi.» Le *Jardin* n° 18 du catalogue ne se trouve pas dans la liste. Julien Leclercq à Johanna Van Gogh, mercredi 20 mars 1901, b. 4139 (archives Van Gogh Museum)
74. Julien Leclercq à Johanna Van Gogh, vendredi 29 mars 1901, b4140 Arch. VGM
75. Magali Rougeot *op. cit.* p. 80. *Lettre autographe signée de M. Fabre à G. Fayet, [Paris, 28 mai 1901]*

S'il n'avait pas été trop fâché avec la vérité, Leclercq aurait écrit quelque chose comme : J'ai proposé aux Bernheim d'échanger mes *Coquelicots*$_{581}$ contre leur *Jardin de Daubigny*,$_{776}$ ils vont réfléchir jusqu'à demain, j'ai franchement besoin de ce *Jardin de Daubigny*. Mais il avait probablement oublié avoir dit : que les Bernheim n'avaient rien d'intéressant de Vincent ; que le *Jardin* n'était pas parmi les siens ; que les *Coquelicots,* monnaie d'échange à la veille de la clôture, avaient été échangés *avant l'exposition,*[76] et tout à l'avenant. Un tissu de mensonges permanent, sans cesse ravaudé, qui ravit les partisans d'un Leclercq naïvement grimé en *champion* de Van Gogh.[77] *Les morts sont tous de braves types.*

L'échange des *Coquelicots* dont il semblait fier après les avoir acquis pour 1 000 francs auprès de Johanna Van Gogh, permet que les Bernheim – qui devaient bien savoir qu'ils ne valaient pas 2500 francs – fassent un geste qui le dédommage de sa peine pour l'organisation de l'exposition, mais sa contrepartie était le *Jardin*.

La récupération du *Jardin*$_{776}$ de Vincent et l'historique fallacieux qui allait consacrer «l'exemplaire chez Schuffenecker$_{777}$», allaient permettre de tenter un coup fumant.

---

76. Comme il se doit, on retrouve les *Coquelicots*, 34 du catalogue, dans la liste des *plus admirés* dans laquelle sont présents tous ceux de Leclercq.
77. Marja Supinen, Julien Leclercq, *A Champion of the Unknown Vincent Van Gogh*, Jong Holland 1990/6, pp. 5-14.

10

De Leclercq à… Leclercq

On ne se fiera pas davantage au «je peux voir l'autre quand je veux chez Schuffenecker» invoqué par Leclercq pour justifier sa proposition d'échanger le *Jardin*$_{776}$ tout juste obtenu contre les *Tournesols.*$_{454}$ Il avait dénigré à longueur de lettres les *Tournesols*$_{454}$ qu'il convoite, alors que son rond de serviette chez *Schuff* lui permettait d'aller voir *l'autre*$_{457}$ à sa guise.

Le risque de double emploi invoqué avait d'autant moins de sens que le choix de Leclercq pour l'exposition avait insisté sur les doublons : *Portraits, Tournesols, Champ de blé aux cyprès*, jusqu'à montrer les deux versions du *Ravin*, une chez Emile Schuffenecker, tout juste acquise, l'autre chez Amédée, le petit frère.

Le *Jardin* que Leclercq entendait échanger – dont il souhaite se débarrasser, plutôt – n'était pas le sien,$_{776}$ mais la copie de Schuffenecker$_{777}$ qu'il n'avait osé présenter à l'exposition pourtant à sa main. Ni sot ni aveugle, Leclercq savait trop que son infériorité lui aurait été fatale. Le refiler à Johanna dont il a pu éprouver la compétence artistique est en revanche sans risque.

Les historiques qu'il va lui proposer (à ceci près que, dans la longue histoire des provenances arrangées, on n'en avait encore jamais vu d'aussi détaillés pour des «Van Gogh») pouvaient paraître convaincants à qui ignorait qu'il n'y avait pas eu de remise à Marie Daubigny et que Schuffenecker avait détenu, d'avril 1894 à mars 1898, le *Jardin*[776] de Vincent indispensable à la réalisation de la copie.[777] Schuffenecker avait détenu la toile de Vincent, après la famille Van Gogh et avant Ambroise Vollard, Ivan Chtchoukine, Josse Bernheim et, enfin, Leclercq. Il n'y a donc pas de désaccord entre la vérité et la version qu'en donne Leclercq, pourvu que l'on biffe ce qu'il glisse pour la faire mentir dans sa lettre à Johanna Van Gogh du 15 avril 1901 :

> Je croyais que vous connaissiez la *Maison de Daubigny*. Vincent a fait ~~deux fois~~ ce sujet. ~~Il a donné~~ une toile à Auvers, ~~à la famille Daubigny, la seconde, toute pareille ou à peu près, a été~~ achetée chez Tanguy par Schuffenecker. ~~C'est la première que j'ai, celle qui a appartenu à la famille Daubigny et~~ qui a passé chez Vollard, puis dans une collection privée ~~vendue après décès,~~ puis chez Bernheim, puis enfin qui se trouve entre mes mains.

L'enthousiasme affiché dans la même lettre pour la beauté du *Jardin* est, on l'a vu, un autre leurre. Leclercq ne l'avait pas retenu parmi ceux de l'exposition qu'il trouvait «les plus beaux»[78] et une autre phrase doit être biffée :

> Il me semble qu'il serait préférable que ces deux toiles ne se trouvent pas en France, mais une en Hollande. ~~Je n'ai pas songé à cela en l'achetant parce que je me suis laissé aller à toute mon admiration pour l'éclat et la fraîcheur de sa couleur.~~[79]

Un mensonge étant un mensonge, il faut, par égard pour la réalité, ne pas se contenter d'une biffure mais également redresser la phrase qui l'abrite. En acquérant la toile des Bernheim, Leclercq n'avait

---

78. Le *Jardin* (n° 18 du catalogue) n'est pas de ceux que Leclercq disait préférer «Les nos 3, 4, 26, 29, 33, 36, 49, 50, 62 sont les plus beaux de tous.» Julien Leclercq à Johanna Van Gogh, mercredi 20 mars 1901, b. 4139 (archives Van Goghmuseum)
79. Julien Leclercq à Johanna Van Gogh, 15 avril 1901, b.4142 Arch. VGM

songé *qu'à* la perspective d'envoyer l'un des deux *Jardin* en Hollande. Pourrir la collection mère en y plaçant la copie de Schuffenecker, dont on ne pouvait rien faire à Paris où son modèle avait été vu par trop de gens trop avertis, aurait atteint au grandiose.

L'échange du *Jardin*$_{777}$ de Schuffenecker contre les *Tournesols*$_{454}$ de Johanna Van Gogh, aujourd'hui à la National Gallery de Londres, détenus depuis dix mois, et retenus depuis plus de quatre sous les prétextes les plus divers, visait au sublime. Leclercq avait renoncé à les acheter en novembre précédent quand Johanna les avait fait passer de 1200 à 1400 francs (rayant 600 florins et remplaçant son 2 par un 4 dans sa fiche de compte$_{b5738}$), mais il ne désespérait pas de les obtenir par ruse. Les régler en monnaie de singe ne pouvait que lui apparaître comme une douce revanche.

Inventant son roman à mesure, ne pouvant avoir l'oeil à tout, il se contredisait toujours davantage. A en croire sa lette du 15 avril, le *Jardin de Daubigny* était déjà parti :

> J'espère que vous recevrez la caisse dans cinq ou six jours. Si vous ne vous vous décidez pas aux conditions que je vous ai offertes, pour l'échange contre les *Tournesols*, je vous offrirai alors un échange simple contre une toile de la même qualité que cette *Maison de Daubigny*.[80]

C'était aller trop vite en besogne. Leclercq n'avait pas encore envoyé le tableau. L'idée de mettre Johanna Van Gogh devant le fait accompli en lui envoyant la toile ne lui est venue qu'au fil de la lettre. Une exégèse serrée l'établit plusieurs fois, mais il suffit de citer « qui se trouve entre mes mains » pour montrer que la toile n'est pas encore en voyage au moment où Leclerq rédige sa lettre.

---

80. Julien Leclercq à Johanna Van Gogh, lundi 15 avril 1901, b 4142 (arch. Van Gogh Museum)

Un petit impondérable s'invita *après* l'expédition de la lettre qui annonçait l'envoi. La caisse qu'il avait fait fabriquer pour les toiles de 30 (92 x 73), l'objet de son commerce avec Johanna Van Gogh dont il espérait vider le grenier, était de trop petit format pour contenir la copie du *Jardin de Daubigny*, longue d'un peu plus d'un mètre.

La lettre annonçant l'envoi ayant été postée, renoncer était apparaître menteur. Il fallut recourir à un expédient un autre *Jardin* prit sa place – en plus de la *Nuit étoilée,* toile de 30 que Leclercq Schuffenecker avaient finalement renoncé à acquérir et qu'ils avaient promis de retourner. Le *Jardin* envoyé dans la caisse *ad hoc* que Leclerc avait fait construire et dont il vantait les avantages était le *Jardin à Auvers,*[814] une niaiserie pointillo-cloisonniste empruntée à Schuffenecker. Toujours chez Johanna Van Gogh à la mort de Leclercq, il ne sera pas rendu à sa veuve, Fanny Flodin-Leclercq est partie à Helsinki donner des cours de piano sans laisser d'adresse. Il apparaîtra à l'exposition d'Amsterdam de 1905, montré comme un « Van Gogh » arlésien par Johanna van Gogh qui le vendra bientôt pour tel.[81]

---

81. Voir *La fabuleuse histoire du* Jardin à Auvers, CreateSpace, 2014

11

De Leclercq à Fayet

Les deux *Jardin de Daubigny* restés entre leurs mains, Leclercq et Schuffenecker doivent prendre d'autres dispositions. Les « deux margoulins », comme les appellera Judith Gérard, peintre et voisine de Leclercq, entreprirent d'autres grandes manoeuvres.

Peu après le 15 avril, ils vont « restaurer », maquiller plutôt, la toile de Vincent. Imprudents, ils vont être surpris. Témoin qualifié et averti qui ne maîtrise pas pour autant les tenants et les aboutissants, Judith Gérard racontera que Schuffenecker a masqué le chat :

> Sur la pelouse du *Jardin d'Auvers,* il y avait un chat : « Ce chat est mal dessiné » avaient-ils décidé d'un commun accord, mais Schuff n'étant pas animalier se contente de barbouiller le chat d'un peu d'herbe verte. [82]

L'herbe de Vincent n'était pas verte, mais conformément à son souci d'équilibrer les complémentaires, *verte et rose*. Certains des rouges de Vincent, qui utilisait de la laque géranium, n'ayant pas résisté aux assauts des ultra-violets, seuls ceux de la retouche de Schuffenecker, qui utilisait d'autres pigments, subsistent aujourd'hui. Le rouge de la tombe du chat mort hurle sur les reproductions actuelles.

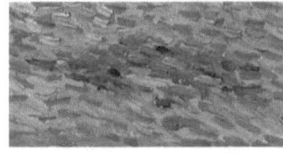

82. Judith Gérard, *Le crime de Julien Leclercq*, Archives B. L., VGM &tc.

Contrairement à ce qu'ont fait divers avocats de Schuffenecker cherchant à discréditer le témoignage qu'ils se sont également efforcés de dissimuler, on ne peut pas suspecter Judith Gérard d'avoir voulu nuire aux *margoulins* ou d'avoir voulu mettre son grain dans le débat sur le *Jardin* en mal de certitudes. Si elle se souvenait avoir vu chez Leclercq le *Jardin* avec son chat, puis sans, elle ignorait l'existence de deux versions. Quand, sept ans plus tard, elle vit à la galerie Druet la copie de Schuffenecker, elle fut persuadée qu'il s'agissait toujours du même tableau : « Le vert a joué, le chat a réapparu quelques années plus tard. »

Avec la disparition du chat de Vincent, la copie$_{777}$ était désormais le seul *Jardin de Daubigny* à montrer un chat – fut-il, comme celui du superstitieux Schuffenecker, stupidement bleu et peint comme un âne. Seule la copie correspondait à la description et au croquis de Vincent. Le b.a.-ba de l'illusion, l'ombre devient la proie.

La « restauration » de Schuffenecker s'accompagnait d'un agrandissement de la toile. Il ajouta une bande de toile au sommet, et fit simultanément la même chose sur sa copie. Cette transformation permettait de noyer un détail permettant de distinguer au premier coup d'oeil l'original de sa réplique. Dominante, l'église touchait le bord de la toile de Vincent tandis que, devenue une pauvre chose insipide dans la copie de Schuffenecker, elle culminait pratiquement au niveau du sommet de la villa Ida calée derrière la maison des Daubigny.

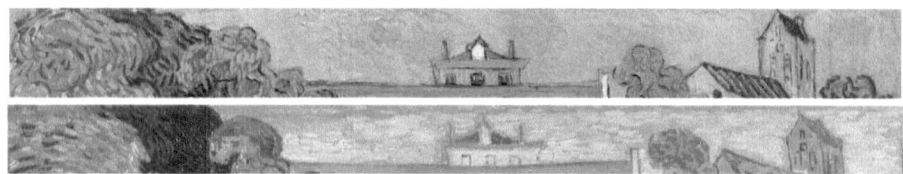

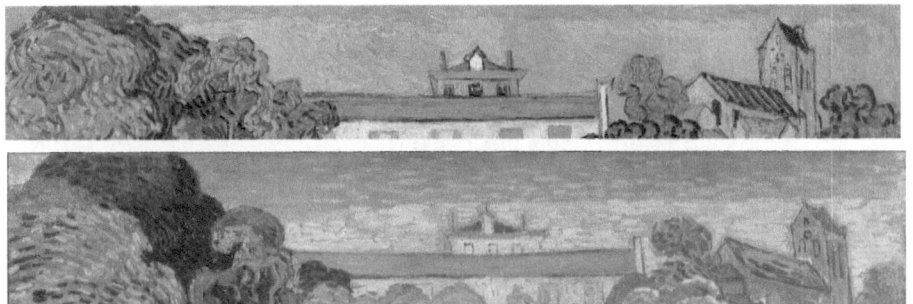

L'ajout des bandes, estompait cette trop manifeste anomalie.

Le recours à des pigments différents et les assauts d'un siècle les soulignent aujourd'hui, mais on peut faire confiance à l'oeil averti de Schuffenecker – vanté par Odilon Redon – sa retouche était alors parfaite.

Le petit forfait accompli, la retouche du *Jardin*₇₇₆ de Vincent sèche, Leclercq était allé sonner chez Maurice Fabre.

Confondre les faussaires disparus, à qui Voltaire estimait la vérité due, se heurte toujours à d'innombrables difficultés, mais certains enchevêtrements se dénouent parfois. Avant la publication, dans la thèse de doctorat de Magali Rougeot en 2011,[83] d'échanges entre Maurice Fabre, authentique amateur d'art évoluant dans l'avant-garde parisienne et son ami Gustave Fayet qu'il remorquait, il n'était pas possible d'établir le calendrier exact et les conditions précises de la cession à Fayet de la version authentique du *Jardin de Daubigny*₇₇₆ et, partant, du mic-mac orchestré par Leclercq.

Dans *Die verschwundene Katze*[84] nous avions, avec Hanspeter Born, reconstitué l'essentiel de l'historique des deux toiles, mais, forts d'une information de Roseline Bacou qui nous avait indiqué que Gustave Fayet, son grand-père, avait acheté le tableau à Leclercq «le 15 juin 1901» et qu'elle pourrait nous «montrer les lettres de

83. Magali Rougeot, *Gustave Fayet, un collectionneur* Doctorat histoire de l'art Paris X Nanterre 2011, vol 1
84. *Die verschwundene Katze* Hanspeter Born et Benoit Landais, Echtzeit Verlag, avril 2009. Voir également Born & Landais *Schuffenecker's Sunflowers, op. cit.* et Landais *La Fabuleuse histoire du* Jardin à Auvers, CreateSpace 2014.

Leclercq» adressées à son aïeul, nous avions repris cette date et signalé l'existence des lettres.

Il n'y a pas eu d'échange de courrier entre Leclercq et Fayet. L'acquisition du *Jardin* de Vincent, par correspondance, conclue le 12 juin, doit tout à l'entremise de Maurice Fabre. Sollicité par Leclercq, Fabre négocie, et presse Fayet – devenu richissime à 35 ans à la mort de son père en 1899 – dont il est l'ami et le guide.

Fabre est d'autant plus persuadé que le *Jardin de Daubigny* intéressera Fayet – qui possède déjà un Vincent$_{548}$ – qu'ils l'ont vu ensemble : «Tu l'avais vu chez Bernheim, mais tu ne l'avais sans doute pas remarqué»... et que le père et l'oncle de Gustave Fayet avaient été les élèves de Charles-François Daubigny. Le violent enthousiasme de Fabre pour l'art de Vincent avait préparé le terrain :

«Quel peintre ! Quand on comprendra la Royauté de cette peinture, on pourra dire avec Villon : Gloire donc à Van Gogh ! Les murs de Bernheim éclatent comme une fanfare.»[85]

D'autres n'avaient pas cette fibre. Ainsi d'un innommable : «*Chez Bernheim*, exposition Van Gogh. De l'innommable. La plus épouvantable «cuisine» qui soit. De la couleur posée au petit balai. Le graillon de la palette impressionniste.» Profitons de la parenthèse pour un extrait de la critique d'André Fontainas :

«A coup sûr, Van Gogh, et c'est le caractère suprême de son art, fut un ardent coloriste, il fut homme ivre de la couleur. C'est par la couleur avant tout, c'est par la couleur qu'il s'enthousiasme, qu'il s'éprend, et quiconque a lu les brûlantes confidences de ses lettres admirables à son frère ou à Emile Bernard, se sera arrêté à cette exclamation suprême, jaillissement de tout son être vers l'extase de la couleur; expression de tout l'égarement de son amour, invraisemblable, prodigieux et magnifique cri du coeur d'un peintre tremblant devant la splendeur de ce qu'il aime, celle phrase courte, palpitante, héroïque dans sa

85. Rougeot *op. cit.* p. 77. *Lettre autographe de Maurice Fabre à Gustave Fayet, [Paris 27 mars 1901], Arch. priv., inéd.*

simplicité : « Que c'est beau, le jaune.... » Cela avant tout, cela à l'extrême, c'est cela, l'art de Van Gogh : un tableau est jaune, un tableau est bleu, un tableau est rouge. Cela, la gloire du jaune, la gloire du bleu, la gloire du rouge, le triomphe de la couleur pure et éclatante. Pas de demi-teinte, pas de mélanges. Une confrontation énergique, brusque, cependant parfois enveloppante, enlaçante si c'est dans les *Tournesols* par exemple, d'une couleur lumineuse auprès d'une autre, ou sur elle-même. Il faut, au reste, surprendre la couleur, la libérer dans les choses que l'on voit, l'outrer au besoin pour qu'elle s'affirme, la faire chanter toute pure dans la limite vibrante de ses contours. On se rend compte, en la présente exposition chez Bernheim, du labeur qu'il a fallu, de la volonté réfléchie et tenace, toujours agrandie du souvenir même de ses déboires et de ses douleurs, pour arriver en si peu d'années à produire tant de toiles déjà si éclatantes, si splendides, si fortes. »[86]

Trop heureux de s'occuper des Vincent, Fabre proposait au besoin de se substituer en tout. Du règlement : «je suis là pour lui avancer la somme si urgence il y a»,[87] à l'acquisition elle-même. Il résistait cependant à la proposition de Fayet de troquer le *Jardin* contre *Les arènes*,[548] seul Vincent qu'il possède. Bientôt héraut de Van Gogh, Fayet est encore extrêmement réticent.

> «En relisant ta dernière lettre, tu ne me parais pas être très chaud pour les achats (du moins en Van Gogh, etc …). Si cela te décourageait de prendre le *Jardin de Daubigny*, ne te gêne pas. Avec mes *Prisonniers*, je trouve que j'ai assez d'un Van Gogh de caractère ; et puis tes *Arènes* font beaucoup mieux dans tes galeries qu'elles ne feraient dans ma boîte à bonbons. Les tableaux doivent être appropriés au milieu. Si tu acquiers le *Jardin de Daubigny*, je te le troquerai contre les *Alyscamps* et une soulte de 300 frs. C'est tout ce que je puis faire.[88]

---

86. André Fontainas, *Le Mercure de France,* IV 1901, pp. 240-241
87. Rougeot *op. cit.* p. 81 *Lettre autographe de Maurice Fabre à Gustave Fayet, [Paris, 10 juin 1901], Arch. priv inéd.*
88. Rougeot *op. cit.* p. 81 *Lettre autographe de Maurice Fabre à Gustave Fayet, [Paris, 12 juin 1901], Arch. priv., inéd.*

Leclercq avait servi à Maurice Fabre sa fable sur l'historique de la toile en double. Dans cette version, il n'était toutefois plus question de mystérieuse «vente après décès», mais bien de la vente Chtchoukine de l'année précédente. Leclercq n'avait pas le choix, Fabre qui y avait assisté, avait enchéri et emporté un lot.

N'ayant pas l'intention d'enrichir sa collection, Fabre avait écrit à Fayet dans la lettre déjà partiellement citée du 28 mai :

«Julien Leclercq (celui-là même qui avait organisé l'exposition V. Gogh) cherche à vendre une toile de ce peintre: *La maison de campagne*, connue sous le nom de *jardin de Daubigny*, à Auvers. (Celui d'Ackerman est aussi un paysage d'Auvers). V. Gogh a fait deux fois ce motif ; l'autre appartient au peintre Schuffenecker. C'est une toile au moins aussi belle que celle d'Ackerman. Leclercq l'a acquise dans un échange avec Bernheim. Il avait donné une toile de Van Gogh, - les *Coquelicots* – contre 1500 frs et le *Jardin de Daubigny*, que Bernheim avait payé mille francs à la vente de Chtchoukine le 24 mars 1900. Leclercq a fait rentoiler, encadrer... cette toile. Il en veut 1500 frs, mais la laisserait à 1250. Il doit partir en voyage et a, je crois, un peu besoin d'argent. Il a quatre ou cinq autres Van Gogh; il en vendrait bien une paire, mais il demande 3 ou 4 mille francs. Il demandait 3000 frs de ses *Coquelicots*. Par la vente du *Jardin de Daubigny*, il rentrerait à peu près dans l'argent qu'il demandait. Leclercq m'avait proposé ce tableau, voilà pourquoi je t'en parle. C'est à toi de voir si tu as l'intention de l'acquérir.»

L'agrandissement du *Jardin*,[776] abusivement présenté comme un *rentoilage* à Fabre (plus tard une «restauration») qui répercute dans son courrier à Fayet, explique aussi pourquoi Leclercq a dû munir d'un nouveau châssis et d'un nouveau cadre une toile – désormais plus haute de cinq centimètres – qui n'avait évidemment pas été présentée nue chez Bernheim.

Leclerc exigeant que ses débours lui soient réglés, Fabre répercute de nouveau pour Fayet le 6 juin :

> N'as-tu pas reçu ma dernière lettre ? En substance, je te disais que Leclercq laisserait son Van Gogh à 1100 frs, les 100 frs étant pour rentrer dans ses frais de restauration et de cadre. Sois assez bon pour me fixer à ce sujet par télégramme. [89]

Fayet laissant le temps jouer en sa faveur, Leclercq, pressé d'argent à la veille d'un voyage qui allait le mener en Hollande, à Berlin et en Scandinavie pour l'été, renoncera finalement aux à-cotés, laissant la toile partir pour 1 000 francs, à perte :

> *Leclercq sort de chez moi ; il te laisse le Jardin de Daubigny à 1 000 frs, par besoin d'argent. Il doit me l'apporter chez moi cet après-midi. Où faut-il te le faire expédier ?*[90]

Les dates proposées pour les lettres de Fabre par l'étude de Magali Rougeot ne sont pas toutes satisfaisantes, mais il est néanmoins possible de caler le calendrier en recensant les épisodes que les échanges relatent, comme la visite de Fabre chez Leclercq où le *Jardin de Daubigny* lui était apparu «charmant»[91], ou le peu d'empressement de Fayet. Leclercq a proposé le *Jardin* ré-encadré à Fabre au plus tard le 12 mai 1901.

Les incompressibles délais induits par le «rentoilage», les diverses restaurations, du chat aux bandes, le séchage et la réalisation du nouveau cadre, transforment en l'illusion l'envoi à Johanna Van Gogh du *Jardin de Daubigny*$_{776}$ récupéré par Leclercq.

Le Jardin de Daubigny$_{776}$ de Vincent n'a pas quitté l'appartement de Leclercq où Judith Gérard l'a vu. L'étroit corridor dans lequel se faufilaient les diverses théories qui voulaient voir Leclerq honnête

---

89. Rougeot *op. cit.* p. 80. *Lettre autographe de Maurice Fabre à Gustave Fayet, [Paris, 28 mai 1901], Arch. priv. inéd.*
90. Rougeot *op. cit.*, p. 81, *Lettre autographe de Maurice Fabre à Gustave Fayet, [Paris, 10 juin 1901], Arch. priv. inéd.*
91. Rougeot *op. cit.*, p 80, *Lettre autographe de Maurice Fabre à Gustave Fayet, [Paris, 19 mai 1901], Arch. priv., inéd.*

homme, et ainsi éviter de reconnaître la fausseté de la copie$_{777}$ de Schuffenecker, est désormais impraticable.

Ceux qui voudraient persister à croire que Leclercq aurait envoyé *avant* sa lettre du 15 avril un *Jardin de Daubigny,* comme ses mots le prétendaient fallacieusement, seraient fatalement contraints d'admettre que le *Jardin* envoyé était celui de Schuffenecker.$_{777}$ Une question toute simple balaierait leur cohérence : Pourquoi, s'il n'était pas un escroc, Leclercq prétendait-il envoyer le *Jardin de Daubigny*$_{776}$ et envoyait son mauvais clône ? Dans tous les cas Leclercq est un menteur particulièrement retors, et il ne s'est pas appliqué à mystifier Johanna Van Gogh sans but.

Tout s'imbrique, de la chaîne ininterrompue de mirages de Leclercq à son tripatouillage de l'historique, en passant par sa complicité avec l'heureux propriétaire de la copie, « notre ami Schuffenecker », qui se trouvait être le « restaurateur-réparateur » dont il cachait soigneusement le nom… révélé par Judith Gérard, sa voisine qui le voyait passer sous ses fenêtres, alors que, sous couvert de « réparation » de l'original, il s'affairait à la copie$_{457}$ des *Tournesols*$_{454}$:

> « Leclercq eut recours à un technicien : il fit appel à Emile Schuffnecker, professeur de dessin dans les écoles de la Ville qui venait chaque jour moyennant une modeste rétribution et muni d'une grosse boite à couleurs, mastiquer les trous et recoller les écailles. »

Maître d'oeuvre, illusionniste, fervent d'occultisme, d'ésotérisme et de magie, au point d'en avoir occasionnellement fait profession, artisan de la méphistophélique vente du *Jardin*$_{776}$ à Vollard par le fantôme de Marie Daubigny, Leclercq faisait preuve d'un bel aplomb. Il ne pouvait ignorer les photographies du catalogue de la vente du 24 mars 1900 montrant le chat que sa ruse avait fait enfouir dans l'herbe un an plus tard.

Sans doute appréhendait-il trop bien les ressorts des amateurs et en déduisait-il la façon de les circonvenir ? En 1894, dans un article « *Sur la peinture* », il dénonçait :

> « cette peinture désagréablement révolutionnaire où transparaissent la fausse foi, la roublardise, le truquage d'une époque de désastre où l'individualisme [...] est l'excuse des malades, des habiles des néo-solennels et des idiots ordinaires. Et quel individualisme que celui qui masque l'ingratitude, l'irrespect, l'absence de sincérité et l'incompréhension de l'art ! C'est à qui imitera, copiera, mais falsifiera [...] On chipe [...] on mêle [...] on pille [...] Et que sort-il de tout ce pillage ? Un art avarié, endommagé, disloqué par ses effracteurs, décaractérisé, un art qui n'est plus de l'art. On pille d'abord [...] ça ne ressemble plus à rien, [...] on veut être grand. [...] Monticelli et Van Gogh faisaient des miracles, eux font des saletés ».

Et, bien sûr, il voit « les malins qui comprennent et croient sentir… »

Truqueur qualifié, il était aussi l'inspirateur de la fabrication des faux *Tournesols*[457] par Schuffenecker d'après la toile que Johanna Van Gogh lui avait confiée en juin 1901 et qu'il avait retenue d'autorité, et sous de bien mauvais prétextes, à la fin de l'année. Déguisé comme il se doit en amateur éperdu, « c'est un besoin de mes yeux d'avoir des Vincent chez moi », Leclercq est devenu marchand sans scrupules et monte des coups, un discours pour chaque auditoire. « Je n'ai pas l'intention de revendre ces tableaux » pour Johanna, deviendra, sous la plume de Fabre : « il en vendrait bien une paire, mais il demande 3 ou 4 mille francs », tandis que, quelques jours plus tard, pour Maurice Vlaminck, aucun de ceux de Leclercq n'était à vendre, seulement quelques-uns *d'un ami*, le toujours masqué Emile Schuffenecker.

Dans leur chute, les dominos entraînent les autres, les toiles bancales de la collection Schuffenecker, que leurs promoteurs espéraient pouvoir sauver, tomberont fatalement l'une après l'autre.

12

De Fayet à Berlin

Le 19 juin 1901, Fabre avait annoncé à Fayet l'envoi de sa toile : « Ton VG partira demain ».[92] Il vient aux nouvelles la semaine suivante : « Tu dois avoir reçu maintenant le *Jardin de Daubigny*, et je suppose que tu en es pleinement satisfait ! »[93] La réponse de Fayet n'est pas connue, mais la lettre que lui adresse Fabre quelques jours plus tard permet d'en deviner le contenu : « Quant à ton impression sur le Van Gogh, je le savais, car c'était une toile que je connaissais ».[94]

Fabre n'était pas le seul à connaître le *Jardin de Daubigny*. Un connaisseur plus ancien, artiste averti, visiteur habituel des Fayet, portraitiste de Madame en mai 1901, va reconnaître, au château de Vedilhan, un tableau qu'il a vu des années plus tôt.

Lettre de Daniel de Monfreid au marchand Ambroise Vollard du 14 septembre 1901 :

> « Ces jours derniers, je suis allé voir Mr Fayet, à son château de Védilhan. Il a fait encore de belles acquisitions ; entre autres, un Van-Gogh que je connaissais pour l'avoir vu chez le père Tanguy : la *Maison de Daubigny à Auvers*. Ce que ce tableau a déteint ! La laque géranium, sans doute, que Van-Gogh employait, a complètement disparu. – Ce n'en reste pas moins une très belle chose – Gardez vos Van-Gogh dans l'obscurité ! »

Cent ans avant que les bavardages n'évoquent à perte de vue la

92. M. Rougeot *op. cit., Lettre autographe de Maurice Fabre à Gustave Fayet, [Paris, 19 juin 1901], Arch. priv., inéd.*
93. M. Rougeot *op. cit.,* 311 *Lettre autographe de Maurice Fabre à Gustave Fayet, [Paris, 25 juin 1901], Arch. priv., inéd.*
94. .M. Rougeot *op. cit., Lettre autographe de M. Fabre à Gustave Fayet, sans date (vers mai-juin 1901), Arch. priv., inéd.*

disparition des couleurs *photo-dégradables* des Vincent, cent ans avant que des tests de vieillissement accélérés ne disent que les rouges avaient dû disparaître dans les dix ans, Daniel de Monfreid avait donc remarqué cela. Il lui manquait de savoir que le *Jardin de Daubigny* vu chez Tanguy était passé par Schuffenecker qu'il connaissait fort bien (ils avaient exposé ensemble chez Volpini), qu'il avait suspecté d'être malhonnête et qu'il méprisait,[95] mais, identifiant la toile vue chez Tanguy, son témoignage ruine une nouvelle fois, indépendamment de toutes les autres preuves, la fable de Leclerq.

Montfreid ne se trompait pas. La même toile$_{776}$ est chez Tanguy entre 1890-1894 et chez Fayet à partir de l'été 1901. Dès qu'il est acquis qu'il s'agit du même tableau, la fausse vente par madame Daubigny est éventée. Elle apparaît pour ce qu'elle fut, une vente maquillée sous prête-nom pour couvrir un faux. Mes démonstrations antérieures ne doivent rien à la lettre Monfreid, elle ne fait que confirmer ce que j'avais pu montrer auparavant.[96]

Il n'est pas de moyen de soutenir que Monfreid aurait pu confondre les deux *Jardin de Daubigny* et avoir vu «l'autre» chez Tanguy. Monfreid ne se contente pas de reconnaître le *Jardin*$_{776}$, ses mots identifient celui qu'il a vu, un *Jardin de Daubigny* dont la *laque géranium* a passé. Cette laque géranium que Vincent utilisait – il en commande à Theo depuis Auvers en juin – était celle qu'il avait diluée pour peindre «*la maison elle-même, dans le fond, rose*», maison à la façade alors affadie et aujourd'hui pratiquement blanche, comme l'est l'herbe *verte et rose*, comme le sont les *roses* elles-mêmes. Dans la copie de Schuffenecker, qui n'utilisait pas les mêmes rouges, la maison rose est restée… rose. Revanche du chat noir noyé dans l'herbe, le petit chat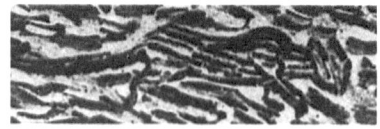

95. Voir par exemple la lettre que G. Daniel de Monfreid adressera de Saint Clément, le 9 juin 1903 à Paul Gauguin dont il ignore la mort un mois plus tôt: "C'est encore par M. Fayet que j'ai eus ces temps derniers des nouvelles de Schuffenecker: il paraît qu'il divorce – cette fois pour de bon. – Et il vend tous ses tableaux; il réalise toutes les œuvres d'art dont il a fait l'acquisition en vue d'une vente future et lucrative. Fayet lui a acheté deux Van Gogh dans le prix de 1200 frs, je crois. Hein, ce juif! Il voulait aussi lui bazarder votre Christ jaune pour une somme respectable, – je ne connais pas le chiffre, qui d'ailleurs n'a pas été sérieusement posé; mais Fayet n'a pas marché, car je lui ai fait remarquer que pour des prix peut-être moins exorbitants que ceux de Schuff, il pouvait acquérir de vos toiles dont l'argent vous reviendrait directement, au lieu d'aller enrichir ce vieux grigou qui n'en a nul besoin. Et vous pensez que Fayet a été sans hésitation de mon avis. (Archives Getty.)
96. Lettre reçue le 24 juin 2016, du chercheur Jean-Paul Morel, spécialiste de tant de choses et de Vollard. Archives J.-P. M.

bleu de son meurtrier meurt à son tour.

Le chat de Schuffencker meurt et re-meurt pour une autre raison. Il est peint «en réserve», sans herbe verte sous lui. Il ne s'agit donc pas d'un élément fortuit, un chat passe que le peintre immortalise, mais d'un chat voulu qu'il fallait placer là parce qu'il y en a un dans le modèle que l'on copie.

Finalement satisfait, Gustave Fayet conservera le *Jardin* ne le confiant qu'en de rares occasions à des expositions. En 1905 aux *Artistes indépendants*, en 1922 à une exposition parisienne non identifiée. Il est signalé par la critique à sa mort en 1925 : «Quant à la collection du défunt, qui emplit son château d'Igny, près de Versailles, elle et constituée presque exclusivement par des maîtres modernes, entre lesquels Van Gogh représenté par d'importantes oeuvres comme le *Van Gogh à l'oreille coupée*, le *Jardin de Daubigny*, des paysages d'Arles »[97]

Acquis par la galerie Paul Rosenberg en 1928, il est cédé l'année suivante à la *Nationalgalerie*. Cinq ans plus tôt Meier-Graefe soulignait l'engouement allemand : «Van Gogh n'a été nulle part si vite et si spontanément en faveur qu'à Berlin, et en aucun pays, il ne jouit d'une si durable influence.»[98] Le *Jardin* est bientôt revendiqué par Ludvig Justi qui dirige la *Nationalgalerie* comme la plus précieuse, parmi les centaines de peintures qu'il a achetées, «avec le Rembrandt de Francfort».

Ayant démontré que les provenances jusqu'ici proposées étaient toutes fausses, enregistrant des propriétaires mythiques, nous sommes en mesure de suivre jour après jour le parcours du *Jardin de Daubigny*[776] de Vincent, double victime des pinceaux d'Emile Schuffenecker.

---

97. Fénéon/Janneau/Tabarant. Le bulletin de la vie artistique, de 15 octobre 1925.
98. *Notre art après la guerre*, Julius Meier-Graefe, *Die Nueue Rundschau*, Liepzig, mai 1923 ; cité par *Le Correspondant*, 1923, pp. 1115 sq.

Eléments d'historique
Jardin de Daubigny 776

Vincent, réalisation, 12-23 juillet 1890

Légué par Vincent à Marie Daubigny, 30 juillet 1890

Mise en dépôt chez J. Tanguy pour encadrement, 30 juillet 1890

Courrier de Theo avertissant Marie Daubigny du legs.

Marie Sophie, Veuve Daubigny, remercie Theo de l'annonce, le 12 août 1890.

Inventaire famille Van Gogh, *Jardin de Daubigny, 285, T 40 en long*, [novembre 1890]

Exposé chez le Barc de Boutteville *n° V, Jardin d'un mas,* avril 1892

Mort de Julien Tanguy, 6 février 1894, dépôt chez sa veuve.

Vente à Emile Schuffenecker par Johanna Van Gogh (via Vve Tanguy) ± 5 mars 94

Vente Schuffenecker à A. Vollard (/nom de Mme Vve Daubigny) le 20 mars 1898

Vente à Ivan Chtchoukine, probablement via Jack Aghion.

Vente forcée Chtchoukine, rachat par le même, 1000 fr. 24 mars 1900 de Paris.

Passage de Chtchoukine à Bernheim-Jeune entre mars 1900 et mars 1901.

Bernheim-Jeune, exposition mars 1901, cat. 18. (collection Bernheim-Jeune)

Echangé à Julien Leclercq, tout début avril 1901, contre ses *Coquelicots* et une soulte.

Maquillage-restauration suppr. du chat par Schuffenecker, 16 avril – 12 mai 1901

Vente Leclercq à Gustave Fayet via Maurice Fabre 12 mai - 19 juin 1901

Expédition par Fabre à Gustave Fayet, 20 juin 1901, vu par Monfreid en septembre.

Signalée chez Fayet par Julius Meier-Graefe 1903

Exposition *Artistes indépendants*, Paris 1905, collection Fayet.

Vente à Paul Rosenberg (enregistré en 1928) après la mort de Fayet (1925)

Achat à Rosenberg par *Nationalgalerie* Berlin, 1929

Exposé Amsterdam 1930, 106

Exposé *Nationalgalerie* Berlin, 1934 avec la copie$_{777}$ (v. rapport Hentzen)

Confiscation par Hermann Goering

Vente via S. Angerer à Koenigs, 21 mai 1938, solde réglé 19 juillet

Dépôt galerie Cassirer, Amsterdam, 17 septembre pour «Lisser & Rosenkrantz»

A'dam, Londres, New York, arrivé le 14 août 1939

Siegfried Kramarsky N. Y. fin 1939 – 1963

Exp. 1944 Montréal, 138; 1948 Cleveland, 36; 1948 New York, 71; Exp. New York, 1955, 1958, 1960

Mrs Lola Kramarsky 1963 – 1970; Exposition à New York en 1963

S. Kramarsky Trust Fund, New York, 1970

Rosenberg & Stiebel, New York.

Vente à Art Museum Hiroshima, 1974

Expositions avec la copie$_{777}$, New-York 1986, Amsterdam 1990.

13

De Schuffenecker à Staechelin

Le signalement par Leclercq de la copie du *Jardin*₇₇₇ chez Emile Schuffenecker dans sa lettre du 5 avril 1901, constitue de fait son tardif bulletin de naissance. Nous ne connaissons pas la date de réalisation exacte, mais elle se situe nécessairement entre l'acquisition du modèle₇₇₆ auprès de la veuve de Julien Tanguy, début mars 1894, et sa cession à Ambroise Vollard en mars 1898, puisque seul le détenteur de l'original a pu peindre cette copie qui se trouve chez Schuffenecker *avant* que Leclercq ne récupère l'original de Vincent début avril 1901.

Sans parler de ceux qui, la tête sur le billot, jureront encore que Schuffenecker a acheté le faux à Johanna van Gogh, plusieurs auteurs, plus ou moins persuadés de l'honnêteté d'Emile Schuffenecker, ou pour des raisons moins honorables, ont voulu croire et faire croire, qu'il ne disposait pas de la compétence nécessaire pour produire un certain nombre de « Van Gogh » que dénonçait une polémique ouverte au milieu des années 1990. Cette illusoire garantie ne reposait que sur l'incompétence de ses auteurs à juger du talent nécessaire à la réalisation des copies qu'ils avaient sous les yeux ou sur leur volonté de frauder.

L'inévitable rejet du *Jardin* disqualifie l'oeil dont ils se sont prévalu. On trouve également, dans la panoplie des stratégies pour sauver le soldat Emile, les accusations visant Amédée Schuffenecker, qui mit de nombreux faux de divers peintres sur le marché et aurait pu commanditer d'autres copistes que son frère. Cette esquive que rien ne fonde, perd toute pertinence pour l'affaire du *Jardin* quand on sait qu'Amédée n'est pas marchand d'art à l'époque et qu'il ne vit pas en France, mais en Algérie.

Après les deux mentions de Leclercq d'un *Jardin de Daubigny* chez Emile dans ses lettres des 5 et 15 avril 1901, une troisième, le présentant comme un authentique Van Gogh apparaît un mois et demi plus tard dans la lettre de Maurice Fabre à Gustave Fayet du 28 mai «V. Gogh a fait deux fois ce motif ; l'autre appartient au peintre Schuffenecker.» Elle ne signifie pas que Fabre ait vu la copie, il ne fait que répéter l'information transmise par Leclercq.

La mort, le 31 octobre 1901, de Leclercq, «écrivain distingué» devenu démarcheur en Van Gogh se préparant à investir le marché allemand prive la collection Schuffenecker de son représentant et de débouchés. Emile, qui, précaution élémentaire de faussaire, n'apparaissait jamais personnellement, semble avoir eu pour seul client Gustave Fayet qui, en 1902, lui achète en confiance le faux *Autoportrait à l'oreille coupée et à la pipe*[529] déjà présenté comme un Van Gogh en 1893. Des *Blés* «arlésiens» de même facture suivront.

Amédée et Emile sont désormais associés et se partagent les rôles, mais ils ne peuvent, faute de provenances ou de garanties d'experts, tenter que quelques coups en sous-main jusqu'à la visite de leur collection, pour partie chez «l'agent Schuffenecker à Meudon» pour partie chez Emile à Paris, par Julius Meier-Graefe qui gobe généralement tout ce qu'on lui montre.

L'ouvrage que le critique publie l'année suivante signale que les frères Schuffenecker «possédaient une très grande et belle collection.» Parmi les 25 «Van Gogh» qu'il répertorie chez Amédée, certains lui ont été présentés comme appartenant en propre à Emile chez qui il en décompte sept, sans que son énumération soit pour autant limitative.

Probablement pris de tournis, Meier-Graefe situe un *Jardin de Daubigny* à la fois chez Amédée et chez Emile. Emile lui a-t-il présenté son *Jardin* ou bien Amédée le lui a-t-il soumis en insistant pour dire qu'il appartenait à Emile ? N'importe, ils en ont un et il appartient à Emile. Nous lisons un peu plus bas dans le même relevé, au bas de la liste des six tableaux vus chez Fayet : « Le jardin de Daubigny, Auvers (dont Schuffenecker à Paris possède une répétition). » Emile, donc, pas le Schuffenecker « de Meudon ».

Cette validation va ouvrir aux Schuffenecker le marché allemand. Le partage des tableaux entre les deux frères, l'un conservant ceux appartenant à l'autre, ainsi que la présentation de mêmes tableaux tantôt propriété d'Emile quand ils sont exposés en Allemagne, tantôt propriété d'Amédée quand ils sont exposés en France, fait en tout cas tomber la fable toujours contée de la cession de la collection d'Emile à son frère à son divorce en 1904. Complices et associés en affaires, les deux frères le seront encore quand ils iront ensemble faire leurs courses chez Johanna Van Gogh en 1906 pour renouveler leur stock. Elle commente : « Les deux messieurs Schuffenecker sont venus ici et ont achetés quelques tableaux à des prix très raisonnables – leur visite ne m'a pas fait plaisir du tout, c'était purement faire une affaire – rien de plus. »[99]

Préposé aux expositions, Amédée montre les Vincent. Comme en 1901, les deux frères se gardent bien de présenter la copie du *Jardin*[777] à la « rétrospective Van Gogh » aux *Artistes indépendants* de 1905. Impensable, Fayet y prête la toile de Vincent.[776] La copie est en revanche exposée sans concurrence à une exposition itinérante organisée en 1906 par le marchand Eugène Druet et la toile connaîtra Munich, Francfort, Dresde, Karlsruhe, Stuttgart ou Bâle. Elle verra

99. Johanna Van Gogh à Paul Gachet, dimanche 20 mai 1906, b2138, archives Van Gogh museum.

Mannheim pour la grande exposition internationale d'art, reverra Paris, montrée chez Druet en 1908 prêtée par Amédée, avant de retourner à Munich chez le marchand d'art W. Zimmermann.

La sortie de la collection des Schuffenecker qui avaient confié le tableau tantôt à Paul Rosenberg en 1908 (selon Ueberwasser) tantôt à Eugène Blot (en 1910) a eu lieu entre 1910 et 1916, date à laquelle le *Van Gogh* de Théodore Duret indique qu'elle appartient à Louis Bernard. Le rachat par la galerie Bernheim, qui a lieu la même année, précède le transfert en Suisse début janvier 1917 pour *l'Exposition de peinture française organisée au profit de la «Fraternité des artistes de Paris» avec le concours de Mrs Bernheim-Jeune & co, Galerie E. Druet – Durand-Ruel – Ambroise Vollard* à la *Kunsthalle* de Bâle où le *Jardin Daubigny*,[777] numéro 43 du catalogue, est proposé pour 50 000 francs suisses.

L'achat par Rudolf Stächelin à la galerie Paul Vallotton, succursale de Bernheim-Jeune, aura lieu le 1er mars 1918.

14

Occasions manquées

On ne peut que s'étonner de voir que, dès que la question de l'éventuelle fausseté du tableau de Bâle s'est posée, les critiques disposaient des moyens d'entrevoir qui en était l'auteur.

Avec la publication des lettres de Vincent à Theo en 1914, il était possible de déduire qu'il n'y avait pas de place pour deux toiles, puisque la dernière lettre de Vincent – alors considérée comme l'avant-dernière – présentait comme unique sa grande toile du *Jardin de Daubigny*. Il était également facile de remarquer, en lisant d'autres lettres, ce qui faisait, pour Vincent, la différence entre une étude et un tableau et ainsi saisir que la toile de Bâle, qui se distinguait par son intitulé le *Jardin de Daubigny*, ne pouvait pas être le « *tableau* » que Vincent annonçait à la mi-juillet.

Si on fait exception des dédicaces et du cas très spécifique de la *Berceuse*, où Vincent cherchait à donner à sa « *chromolithographie de bazar* », un sens symbolique distinct de celui que l'observateur pouvait y trouver, il n'inscrit jamais d'intitulé sur ses études. A fortiori, on ne voit pas pourquoi il faudrait accepter une inscription sur ce qu'il décrit d'emblée comme un *tableau*.

Faute de présence simultanée des deux tableaux, ou de reproductions en couleur, il était difficile de comparer un à un les détails et il est logique que personne n'ait été en mesure de dresser un quelconque réquisitoire avant l'exposition des deux toiles côte à côte au *Kronprinzenpalais* en 1934. Il était néanmoins possible de désigner l'auteur de la copie, personnage déjà suspect de fabrication d'*erzatz* de Van Gogh, par le simple examen de ce qui était alors connu des historiques croisés des deux toiles.

La rumeur circulait avant même le départ de la fronde, d'abord rampante, contre Ludvig Justi, dont le marchand amstellodamois Martinus Joseph Schretlen a été le premier porte-parole avec un article dans le *Maanblad de Beeldende Kunsten* d'Amsterdam en février 1933. Le *Jardin*$_{776}$ de la *Nationalgalerie* y était dénoncé comme faux. Elle circulait avant même que Julius Meier-Graefe ne dise très officiellement, durant le procès Wacker devant la cour de Berlin que Schuffenecker avait peint des faux et les avait mis sur le marché.

En 1929, Justi, qui ne pouvait par définition être le seul dans ce cas, était averti du passage de la toile$_{776}$ qu'il souhaitait acquérir chez Emile Schuffenecker, qu'il disait « bien connu » pour avoir fait des copies de peintures de Van Gogh. S'interrogeant sur une éventuelle falsification, il s'était enquis de l'historique du *Jardin* avant 1900 et, avant de l'acquérir, avait pris le soin de le faire venir à Berlin et de l'examiner avec des connaisseurs.[100]

Pour établir que les deux *Jardin* avaient fait partie de la collection des frères Schuffenecker, il suffisait d'opérer un rapprochement élémentaire dont personne ne semble s'être inquiété alors. Tout lacunaires qu'ils fussent, il existait en 1928, en tout et pour tout deux relevés évoquant les collections Schuffenecker et Fayet, où était signalé un *Jardin de Daubigny*. Ils étaient dûment publiés par les deux spécialistes majeurs, Julius Meier-Graefe et Jacob Bart de la Faille. Celui de Meier-Graefe établi en 1903, publié l'année suivante,[101] signalait la future toile de Bâle$_{777}$ dans la collection

100 Henk Tromp, *A Real Van Gogh, op. cit.*, pp. 79-84 et courriers de Justi à Moll et Möring
101. Meier-Graefe, *Entwicklungsgeschichte der modernen Kunst. op. cit.*

d'Emile Schuffenecker et la future toile de la *Nationalgalerie*$_{776}$ chez Fayet. La notice de Bart de la Faille reprenait l'information et signalait : «Collection Gustave Fayet, Igny, (depuis 1903)» et ajoutait que Fayet la tenait d'Amédée Schuffenecker.

Nul doute que si cette curieuse coïncidence avait alors été soulignée et rapprochée de la disparition du chat par leurs bons offices, la belle innocence affichée par les frères Schuffenecker, certes âgés, mais toujours vaillants, aurait perdu de sa candeur. Les masques tombés, une enquête aurait été diligentée et ils auraient été d'autant plus facilement confondus qu'il était encore possible d'interroger des témoins et qu'il restait, au moins chez Amédée, toute une série de Van Gogh «nouvelle fabrique» que, bon sang ne saurait mentir, la fille d'Emile mettra sur le marché à sa mort, piégeant jusqu'à Emile Labeyrie, ancien gouverneur de la Banque de France.[102]

Après l'accord général des experts (excepté le versatile de la Faille) sur l'impossibilité que les deux toiles soient de la même main lors de l'exposition à Berlin, et l'étude d'Alfred Hentzen, tout se passa comme si la polémique n'était pas tranchée. Elle l'était, mais l'agitation de Staechelin qui menaçait de ses foudres ceux qui portaient préjudice à ses intérêts permit que l'argent fasse pièce au savoir et que les conclusions soient occultées.

«Malgré les preuves incontestables dont je disposais, je me suis heurté au mur impénétrable qu'avaient bâti des gens riches et puissants, dont l'intérêt était d'empêcher la révélation de tous les secrets»[103] se lamentait le fils de Theo en 1930. Il n'avait pas vu toutes les manoeuvres, prenait parfois l'ombre pour la preuve, le vrai pour le faux, mais il avait vu le jeu. Quand il devint tout puissant, ou presque, ce fut son tour, puis celui de ses descendants, et de

---

102. Lettre de Emile Labeyrie à Emile Bernard, 27 juillet 1937. Arch. B.L.
103. Ingénieur Vincent Willem Van Gogh, Chronik, *Die falsenchen Van Gogh Bilder,* Kunst und Künstler 28, 1930. Cité par Feilchenfeldt *By appointment only* op. cit. p.96.

leurs obligés, dont les services de l'Etat néerlandais, d'organiser l'embargo sur les archives, interdisant l'accès pour protéger quelques secrets de famille.

Après *la faillite de l'expertise* autour de l'affaire Wacker, qui avait laissé indemnes les experts qui partageaient la responsabilité de tromperie de confiance publique, flottait un sentiment diffus voulant que toutes les études se vaillent, qu'elle ne prouvassent jamais rien. C'était oublier facilement que cet état de fait n'est jamais que le produit des efforts des défenseurs des impostures distillant le poison du doute, maigre mais redoutable arsenal, pour jeter le discrédit permanent sur le savoir. A ces défaites de la connaissance se combine la fuite du temps. Les oeuvres demeurent, mais les experts passent. Le savoir succombe avec les disparitions et de nouveaux intervenants émergent. Persuadés à mesure de leur ignorance – de leur savoir superficiel, plutôt – ils se convainquent, pour avoir pris en défaut un prédécesseur sur un point de détail, d'avoir été précédés par une cohorte d'incompétents.

Plus personne, dans le petit monde de l'expertise des « Van Gogh », ne reconnaît, c'est litote, d'infaillibilité aux conclusions du catalogue de la Faille révisé de 1970, affaire d'Etat couronnant dix années de farfouille dans de vieux papiers, flambeau rayonnant de ses ténèbres. Force est pourtant de reconnaître que ses auteurs, étranges invités-surprise, étaient persuadés de leur supériorité, sans que rien, hors leur aptitude à se rendre indispensables, ait témoigné de leur compétence. Ils ont accepté deux *Jardin de Daubigny*, comme ils ont accepté à foison les doubles indignes effaçant avec le nouveau catalogue officiel, aussitôt contesté par plusieurs de leurs membres, tout ce qui avait été dit avant eux. Avatar néerlandais, après celui des de la Faille, Bremmer, Scherjon, De Gruyter, Schetlen, de Wild et bien avant une kyrielle d'autres – la source n'est pas tarie – le savoir sur Vincent avait été mis sous tutelle. Et comme on y veillait !

Jusqu'à obtenir, par voie diplomatique, que l'on sorte l'oeuvre de Vincent de l'*Ecole française* où l'avaient logiquement rangé les catalogues du Louvre.

La révision de 1970 avait étouffé les voix qui s'étaient élevées – y compris celle de l'imprévisible de la Faille parfois dessillé – contre les deux grands foyers faussaires français Gachet et Schuffenecker. L'un des grands déboutés n'était autre que le fils de Theo qui ferraillait épisodiquement. Il était si définitivement convaincu qu'il avait écrit, en 1959, que les (faux) *Deux enfants,*$_{783}$ donnés au Louvre et aujourd'hui au musée d'Orsay, avaient été peints par l'un des Gachet ou par Schuffenecker. Il avait également déclaré que personne ne parviendrait à le berner avec les 75 peintures acceptées au catalogue pour les moins de 66 jours de travail à Auvers,[104] avant d'envoyer le faux le *Parc de l'asile,*$_{559}$ que lui avait obligeamment offert le fils Gachet – aujourd'hui «réhabilité» par fraude scientifique du musée Van Gogh[105] – se faire voir à une exposition sur les falsifications à Philadelphie.

104 Henk Tromp, *op. cit.*, p. 264.
105. http://vincentsite.com/tableau/0659/

15

Chères provenances

Il y a quelque hypocrisie à vouloir croire que les attributions reposeraient sur autre chose que ce que l'on appelle couramment «la provenance» des oeuvres. Trop souvent trompés par les marchands, les amateurs ont réclamé les historiques des oeuvres qu'ils acquéraient pour un peu plus de sûreté. Rien n'étant plus commode que d'en rédiger, en assemblant des éléments documentaires épars glanés ici et là, le plus souvent à l'aveugle, il leur fut fourni des documents lisses, paraissant vraisemblables et parfois fondés, retraçant des itinéraires dans un marché essentiellement secret, faisant parler les morts et des traces muettes. Le droit n'étant pas à la remorque, il en fit la « qualité substantielle » des oeuvres, histoire de pouvoir poursuivre les rédacteurs d'historiques fantaisistes.

Ce travers, qui permettait à n'importe quel ignorant en art d'en faire commerce, s'est généralisé. Il a déteint sur les musées qui, pour séduire la clientèle, ont procédé de la même manière, se détachant toujours davantage des seules choses qui auraient dû importer, la qualité des oeuvres, ce qu'elles apportent, ce qui les distingue et les hiérarchise. On concevra que si le discours sur l'art dépend d'authenticité illusoire fournie par des certificats d'historique arrangés, nous sommes face à une imposture d'envergure.

Plus de cent quarante auteurs divers et variés, selon un relevé qui ne saurait prétendre à l'exhaustivité, ont vanté par écrit les mérites de la copie du *Jardin*. Si l'on veut bien considérer qu'il s'agit, du moins pour les expositions ou les préparations de catalogues, d'un travail d'équipe impliquant des recherches, des discussions informelles, des assentiments, des cautions, des relectures, il est permis d'estimer que la connivence de centaines de spécialistes a présidé à la croyance actuelle, sans qu'il soit fait barrage. La dénonciation de cette sorte de tromperie en bande organisée, qui réduit les commentaires savants qu'elle autorise à d'intempestifs bavardages, fut aussi souvent repoussée que dénoncée. Le propre des impostures étant de devoir être sans cesse être ajustées pour se perpétuer, la dénonciation ne peut cependant prendre fin, chaque aménagement souligne de nouvelles incohérences. Le *Jardin de Daubigny* nous offre la possibilité de montrer précisément quand, comment et pourquoi un historique inventé a rassuré les auteurs qui ont brodé en confiance.

Quand, en 1939, après la confrontation berlinoise, Bart de la Faille reprend son catalogue de 1928, il opère un petit changement apparemment inoffensif. Il désigne pour premier propriétaire connu de la copie la *galerie d'art Julien Tanguy*, après avoir ajouté, en surcharge à l'encre bleue, ce renseignement dans son exemplaire personnel de 1928 : « Galerie d'art du père Tanguy, Paris ». Il ne connaît pas les conditions de la transaction (qui concerne évidemment le *Jardin* de Vincent), il aurait, sinon, enregistré le nom du vendeur, Johanna Van Gogh, la date 1894, le nom de l'intermédiaire, la veuve de Julien Tanguy, et l'acquéreur, Emile Schuffenecker et non Amédée.

Epoque d'Anvers.
Juillet 1890. Toile. H. 0,55 m. — L. 1,00 m. Coll. R. Staechelin, Bâle (1917). Galerie d'art P. Vallotton, Lausanne. Galerie d'art Bernheim Jeune, Paris. Coll. Louis Bernard, Paris. Galerie d'art E. Blot, Paris. Galerie d'art Paul Rosenberg, Paris (1908). Coll. Amédée Schuffenecker, Clamart. Galerie d'art Tanguy, Paris. Exposit.

Galerie d'art au père Tanguy, Par[is]
Collection Exposition n° 78 d[...]

Il est possible qu'il se soit renseigné et que les frères Schuffenecker lui aient menti, mais cela ne change rien à l'affaire. Puisqu'il ne fallait qu'un grand *Jardin de Daubigny,* il avait inscrit à l'encre bleue que le *Jardin* de Vincent était faux, avant de se raviser et de dire que son parti n'était pas pris, mais que les deux versions étaient authentiques. Avec ses historiques de 1939, les deux *Jardin* passent bien chez les Schuffenecker (Amédée les deux fois), mais ils sont protégés, car il est, dans les deux cas, indiqué qu'ils ont auparavant appartenu à d'autres.

La reprise du catalogue en 1970 par une équipe du centre d'étude d'histoire de l'art de La Haye sous l'autorité de l'Etat néerlandais reprendra à l'identique ajoutant à la caution.

Les choses n'étaient évidemment pas résolues et d'autres s'étaient efforcés de percer le mystère. La tentative la plus intéressante est celle de l'escroc, fils d'escroc, Paul Gachet qui a passé sa vie à pourrir la production et la mémoire de Vincent. Afin de se qualifier expert et témoin, il a rédigé tout un ouvrage consacré à la période auversoise.[106] Tentant d'établir une chronologie, il va placer les deux *Jardin* coup sur coup les 12 et 13 juillet.

Faux témoin, il ne sait rien d'autre de ce qu'il déduit — il avait d'abord prétendu qu'il y avait dès l'origine une toile avec un chat l'autre sans — et ne choisit le 12 juillet qu'après avoir d'abord préféré «19 juillet» pour la copie qu'il considère comme la première version et dont il garantit l'inscription : «En fait de signature, Vincent a écrit au pinceau, en bas à droite *Le Jardin de Daubigny*». Il signale qu'il existe deux versions d'abord admises sans discussion que l'on pouvait voir à Paris vers 1900, prétendant se souvenir, faux-témoin toujours, les avoir vues la même année en 1908, chez Bernheim et Druet (alors que Bernheim avait exposé la *petite étude*$_{765}$ et non une des deux grandes toiles).

106. Paul Gachet les 70 jours de Van Gogh à Auvers 1962. Valhhermeil 1990

Il qualifie l'étude d'Ueberwasser de formidable, magnifique, scientifique, intéressante, mais, pour lui, «l'expertise ne tranche pas la question car elle ne convient pas pour Vincent». Cela lui permet l'une de ses digressions favorites pour soutenir les «peintures avec duplicata», doublons d'Auvers falsifiés : le *Portrait du docteur Gachet*,[754] *Deux fillettes*,[783] dont il est responsable, les *Escaliers d'Auvers*[796] dont il est innocent, et d'évoquer le faux *Parc de l'asile*[559] qu'il offrira au fils de Theo.

Il cite ensuite la conclusion d'Ueberwasser qu'il a traduite lui-même : « Il est la dernière oeuvre principale de Van Gogh. Dans l'oeuvre de l'artiste, le *Jardin de Daubigny*, est une forme d'où l'on peut comprendre dans toute sa conséquence ce que Van Gogh a créé », puis il rappelle qu'il a lui-même qualifié la toile de Bâle,[777] pour Staechelin, d'«oeuvre merveilleuse et authentique».

L'affaire se corse avec son approche de « la toile considérée comme seconde version du jardin de Daubigny » qu'il voit d'un métier différent. Pour lui, prouvant par là qu'il est la dupe du chat masqué, le croquis de la lettre de Vincent du 23 juillet 1890 ne correspond qu'à la toile de Staechelin. Sachant cependant lire une lettre, il écrit que Vincent n'avait «que» cette toile à cette date. Il se contredit trois lignes plus bas pour protéger ses toiles non mentionnées, mais a asséné que Vincent avait le temps de peindre «cinq duplicata» après avoir dit sa toile unique dans son ultime lettre à Theo. Trompé par la disparition du rose sur la façade, tôt mangé par la lumière, il soutient que Vincent a pu se rendre coupable de ces variantes, avant de retourner à ses démons : «Chacun de ses principaux tableaux est en quelque sorte un bulletin de santé». Espérant pouvoir résoudre l'historique quand il avait été interrogé par Staechelin, il s'était démené en 1936, allant jusqu'à demander des renseignements à la *Nationalgalerie* Berlin, mais cela ne l'avait mené qu'à devoir déblatérer pour masquer son incapacité à juger de l'art de Vincent.

16

Les temps modernes

Préparées par la *tabula rasa* du catalogue révisé de 1970, les constructions de Ronald Pickvance de 1986, sur lesquelles tant s'aligneront, restaient fragiles. Elles ne s'appuyaient au départ que sur une intuition, une lecture des lettres transformant l'annonce par Vincent de la mise en chantier de son *Jardin*$_{776}$ en certificat d'achèvement d'une première version et la description de la dernière lettre en certificat de naissance de la seconde. Les tenants de cette théorie allaient avoir, au cours des trente années qui allaient suivre, le sentiment qu'elle se confirmait et allaient s'associer pour la faire triompher.

Le relevé des faits marquants et des multiples interventions visant à empêcher le déclassement de la copie nous renseignent sur le *modus operandi* des néo-experts reprenant les devanciers égarés, faute de compétence critique. Le triomphe du copier-coller persuade d'avoir soi-même « pensé ». Le néophyte répète son prédécesseur et il ne lui est bientôt plus possible de se dédire. Quand le temps se gâte, le piège se referme. La garantie que les institutions prétendent offrir n'est qu'un leurre de plus. Elles ont leur dynamique propre, privilégient leurs intérêts, y subordonnant la question de savoir si une chose est bonne ou vraie. Lorsqu'un problème surgit, le réflexe est celui de l'esprit de corps, la protection du prestige de la maison, l'étude n'est qu'accessoire et ses résultats fatalement faussés.

Premier à se lancer dans la défense de deux *Jardin* authentiques à la suite de Pickvance, le marchand zurichois Walter Feilchenfeldt apporta sa caution en 1988.[107] Il s'appuyait sur le dépouillement des archives du musée Van Gogh d'ordinaire interdites d'accès aux chercheurs extérieurs. Faute de sens critique, il lit, ainsi que va le faire Roland Dorn à qui il s'associe, les historiques fournis par Julien Leclercq dans ses lettres à Johanna Van Gogh comme la preuve de l'authenticité de deux versions. Persuadés de ne pouvoir se méprendre, ils vont, malgré leur suspicion du «*Schuffenecker circle*» sur laquelle ils reviendront souvent,[108] devenir les avocats des grands faux sortis des pinceaux d'Emile. Leur méthode, qui donne la primauté aux provenances qu'ils fabriquent, y soumettant toute autre considération – ce qui est, compte tenu de ce qu'ils connaissent en peinture, assez logique – contribue à donner l'illusion que l'authenticité serait affaire de vieux papiers interprétés par des mages visités.

D'autres vieux papiers voient simultanément le jour. A l'hiver 1988, le musée d'Orsay organise pour son inauguration une exposition *Van Gogh à Paris*. En annexe du catalogue,[109] le carnet de Theo Van Gogh commenté sous la direction de Ronald de Leeuw, le directeur du Musée Van Gogh de l'époque. Une page du dernier calepin de Theo enregistre : «Daubigny (Mme Vve) Auvers s/Oise S&O)[110]. Le commentaire affirme que la veuve de Charles-François Daubigny est «Marie-Sophie, née Garnier». On a lu de travers des faire-part de décès. Elle n'est pas «née Garnier». Etat-civil choisi d'enfant trouvée, son prénom est Marie son patronyme Sophie, ses actes de naissance et de décès repoussent cette invention (la recopie de son acte de mariage intervertit). L'adresse complétée

107. *Vincent Van Gogh & Paul Cassirer,* 1989, p. 119.
108. Dorn et Feilchenfeldt, «Genuine or fake» *The Mythology of Vincent Van Gogh, Philadelphia,* 1993, pp. 268-307
109. Françoise Cachin, Bogomila Welsch-Ovcharov, Réunion des musées nationaux - 1988
110 *Van Gogh à Paris,* entrée 69

par : « 24 avenue de la Gare (aujourd'hui 25 rue Daubigny) » n'est pas plus fiable. L'avenue de la gare, n'existait pas plus que la rue Daubigny à l'époque et il semble curieux que les numéros pairs et impairs d'une même rue se soient intervertis. Le commentaire éclairant le lecteur s'achevait sur : « Vincent a représenté plusieurs fois son jardin (F 565, F 776, F 777) ».

En 1990, prenant Ronald Pickvance pour conseiller d'exception, le musée Van Gogh organise l'exposition du centenaire de la mort de Vincent (fêtant un peu de Schuffenecker) et présente côte à côte les deux *Jardin de Daubigny*. Louis Van Tilborgh, Evert Van Uitert, son professeur, et Sjraar Van Heugten qui n'y ont vu que du bleu, signent une notice conjointe qui mérite quelques commentaires.

> A peine arrivé à Auvers, Van Gogh entendit parler de la maison de Daubigny que le peintre avait fait construire en 1861, et qui était toujours occupée par sa veuve [636]

Le leçon est peu pertinente. Charles-François Daubigny – on notera que lui seul est peintre dans la syntaxe de ces gens – n'a pas fait construire [par Eugène Oudinot] cette maison-là, mais celle ou il vécut et travailla un peu plus loin dans la rue. La maison que la toile de Vincent montre a été achetée en 1877 par les époux Daubigny qui ne l'ont jamais habitée ensemble. Ils l'ont fait remettre en état par l'architecte Casimir l'Enfant qui avait épousé leur fille Cécile, elle-même peintre. Marie Sophie n'occupait pas cette maison, elle résidait à Paris.

> L'admiration qu'il portait à Daubigny l'incita à peindre le jardin de sa maison. Van Gogh accordait à ce peintre la même importance qu'à Millet et à Corot. Cependant, un certain temps s'écoula avant que l'artiste eût l'idée de faire du jardin - dont il avait déjà ébauché une petite étude, actuellement au musée Van Gogh - « une toile plus importante » [642 F]. Peu de temps après, il en parla comme d'un « tableau que je méditais depuis que je suis ici » [649 F].

103

La façon de lire semble assez sommaire et le *certain temps* imaginaire. Nous lisons, dans la lettre du 18 juillet (anciennement 642) annonçant la réalisation d'une «*petite étude*» peinte la veille ou l'avant-veille : «*J'ai une idée pour faire une toile plus importante de la maison & du jardin de Daubigny dont j'ai déjà une petite étude.*»[889] Si Vincent dit avoir songé à son tableau dès son arrivée, il lui était difficile d'en parler avant de l'avoir peint.

> «Dans la lettre suivante, la toute dernière, avec indication du titre, il en fit un croquis la qualifiant d'«une de mes toiles les plus voulues» [651 F] et ajouta sous le croquis une description des couleurs. Tous ces détails, ainsi que l'existence d'une réplique, indiquent qu'il s'agit d'une oeuvre ambitieuse.

On s'amuse de la lettre avec «indication du titre» pour ne retenir qu'une chose, dernière lettre achevée, Vincent dit qu'il a une seule toile. Mais, miracle, les clercs multiplient les pains et glissent «l'existence d'une réplique»… qui fournirait la preuve de l'importance de cette toile… unique.

> La qualification «*voulues*» ne porte pas uniquement sur le désir de réaliser la toile, mais également sur le style qui la caractérise. Van Gogh combine un dessin très synthétique avec le rythme souple du trait de pinceau.

Le raisonnement boîte bas. Nous sommes ainsi passés à deux toiles, dont une voulue, arrangée à la sauce Schuffenecker au «dessin synthétique avec rythme souple» dépourvu de sens. Le dessin est, pour parler clair, partout absolument pourri, le rythme, le beau rythme de Vincent, celui qui fait vibrer ses toiles, est singé par un garçon sans talent pour ce genre de chose qui a, en prime, affadi la couleur.

> En outre, il accommode la réalité à sa guise, par exemple dans la disposition, par rapport à la maison de Daubigny, de l'église et

de la villa Ida, qui dépasse le toit. Le petit personnage au fond du jardin doit être la veuve de Daubigny. Les deux versions ont été assez retouchées, non seulement par le peintre, mais aussi par des restaurateurs. Sur la toile de Hiroshima, le chat à gauche au premier plan a été effacé et le titre fait défaut. Aussi cette toile est-elle considérée comme une copie faite en atelier et offerte par Van Gogh à la veuve de Daubigny.

On voit mal comment l'effacement du chat de Vincent pourrait transformer la copie en première version, ni non plus pourquoi l'absence d'un intitulé, qui n'aurait rien de vincentesque, transformerait la copie en réplique d'atelier. Les rédacteurs de la notice copiaient-collaient sans comprendre des morceaux choisis de Pickvance.

Secret de polichinelle, « les restaurateurs » dont on s'appliquait à taire le nom – de peur de dire pourquoi ils avaient maquillé la toile ? – ne sont autres que M. Emile Schuffenecker. Les lettres de son nom étant autant de bâtons de dynamite, on s'efforçait de couper le cordon qui y mène. Lorsqu'il faudra bien le prononcer, on chargera systématiquement son petit frère qui n'a pourtant, chacun le sait – hors un journaliste pressé qui évoquait le « peintre Amédée Schuffenecker » dans une citation de son cru[111] – jamais touché un pinceau de sa vie.

Il y a nulle malignité à s'être attardé sur cette désolante notice, mais il faut bien remarquer que si les rédacteurs acceptent ce qu'ils acceptent et le garantissent c'est surtout de n'y comprendre rien. Le sautoir de fausses perles, justifie la défiance envers les signataires régnant sans partage sur l'expertise des « Van Gogh », qui allaient continuer à sévir pendant des longues années.

A la même époque, un article de Walter Feilchenfeldt, exposant ses méthodes et « écrit comme premier pas pour réduire le nombre

---

111. T. S., *Un faux Gauguin, Le Temps,* 27 juillet 1837.

de faux dans le catalogue de référence des oeuvres de Van Gogh»,[112] donne un certain nombre de leçons pour démasquer les faux. Parmi les mentors dont il vante l'exemple, Grete Rings, qui disait que la caractéristique du faux était de perdre tout attrait une fois dénoncé ou Theodore Stoperan qui soutenait qu'aucun faussaire ne pouvait faire illusion, deux directeurs de la galerie Cassirer, ancêtre de sa propre galerie.

Malchanceux, faute d'avoir remarqué le fossé séparant le modèle de sa copie qui écarte les deux fois des oeuvres de la même main, faute d'avoir percé les provenances qui mènent invariablement à Emile Schuffenecker, il reproduit côte à côte deux paires que ses commentaires attribuent à Vincent.

Les premières toiles jumelles vantent le formidable essor du marché, $L'Arlésienne_{489}$ de Vincent 60 francs en 1895, 13 000 marks en 1908, et sa $réplique_{488}$ (par Schuffenecker) vendue 10 ans plus tard par la galerie Cassirer 33 000 marks, sans qu'il soit entrevu que la valse des zéros a aveuglé marchands et experts. A Londres, le 26 juillet 1939, son père paie 705 000 francs des *Oliviers*.

L'autre paire duale est celle des *Jardin de Daubigny*. Un génie pourra sans doute trouver quelque cohérence au paragraphe que Feilchenfeldt lui consacre, mais en attendant, il faut se contenter d'y lire qu'Amédée Schuffenecker, suspect de falsifications avec son frère Emile, a possédé les deux versions et que le chat a ensuite disparu. C'est simplement erroné. Faux doute. Amédée n'a jamais détenu que la $réplique._{777}$ Le chat a disparu de la toile de $Vincent_{776}$ tandis qu'elle était entre les mains de Leclercq, par ailleurs héros de Feilchenfeldt.

En 1992, Ronald Pickvance voit ses conclusions de 1986 confirmées avec la lettre de Marie Daubigny – qui reste « née Garnier » – qu'il publie avec les lettres, dites « de condoléances »,

112. Walter Feilchenfeldt repris *in*: *By appointment only* Thames and Hudson, 2005, pp 81-106

après la mort de Vincent. Si son commentaire rectifie la méprise de 1990 sur la maison de Daubigny, il fait vivre Marie Sophie dans la «bonne» maison, sans dire qu'elle ne s'y rend qu'aux beaux jours. Omettant une petite Marie Sophie morte en bas âge, il évoque trois enfants du couple Daubigny, déguise Bernard notoirement «sans profession» ou «rentier» en «*art dealer*», et garantit de nouveau trois peintures du *Jardin*. La silhouette dans le jardin est celle de Marie Daubigny et le pourtant intangible legs de Vincent est rendu curieusement incertain. L'«offre» – Pickvance se garde de parler de «remise» du tableau – du *Jardin, après la mort* de Vincent ne serait que «*presumably* sur la suggestion de Vincent». Le commentaire qui rend incertain un fait que le texte que l'on commente atteste est tout un art, une façon de travailler. Au milieu des incertitudes qu'ils fabriquent se dressent toujours les gourous.

Dernière approximation avant de conclure : «Malheureusement, Mme Daubigny n'a pas profité longtemps de son cadeau. Elle est morte le jour de Noël 1890.» Cela fait certes joli, mais il est rare que l'on enterre les gens la veille de leur décès et le *Journal des débats* ou *Le Figaro* du 24 décembre 1890 annonçaient une inhumation au Père Lachaise ce jour-là. Le tour de force n'est pas celui-là, Pickvance a réussi à transformer l'annonce d'un legs en remise, puisqu'il faut bien, pour profiter d'un *don*, qu'il ait été remis.

La même année le débat sur les *Jardin de Daubigny* s'invite à Paris. Le commissaire-priseur parisien Jean-Claude Binoche entend adjuger aux enchères, le 6 décembre 1992, le *Jardin à Auvers*,[814] un inclassable «Van Gogh atypique», comme le nomment généralement ses amateurs qui ont obtenu son classement à l'inventaire des Monuments historiques. Maître Binoche embauche pour ses notices, deux experts, le musée Van Gogh, qui fait manifestement des ménages, et son *conseiller,* le professeur Pickvance Ronald.

Entraîné comme il l'était avec sa notice validant la copie du *Jardin de Daubigny*,₇₇₇ Sjraar Van Heugten, d'ordinaire préposé aux dessins, est dépêché par Amsterdam. Il va trouver le très rébarbatif *Jardin*₈₁₄ à son goût : « la peinture a gardé toute sa vie. D'un point de vue stylistique ce travail séduisant est remarquable. » Un couplet sur le style vaut d'autres platitudes : « Il montre très clairement comment Van Gogh à Auvers-sur-Oise a expérimenté avec des touches de peinture différentes et variées de manière à développer son style ». Il était temps qu'il s'y mette !

La conclusion estampille : « Dans le temps il est très proche des deux versions du *Jardin de Daubigny* (F 776 et 777), mais sa nature expérimentale rend impossible de dire s'il a été peint avant ou après ces deux tableaux. De toute manière il n'y a aucun doute sur l'authenticité du tableau ». Seule importait la dernière phrase masquant de très nombreux doutes et dénonciations dont le savant ignorait tout.

Si Van Heugten n'a aucune idée lui permettant d'avancer une date seulement plausible, Pickvance fait du *Jardin à Auvers* une quatrième version du *Jardin de Daubigny,* « une partie du jardin, prolongeant, vers la gauche les vues de Bâle et de Hiroshima ». Se disant « fondé de penser qu'il s'agit une fois encore du jardin de Daubigny », il pourra écrire : « c'est de manière presque obsessionnelle qu'il [Vincent] s'attache au jardin de Daubigny ». Cela était répétition d'un précédent : « c'est le jardin de cette maison qui obsédait Vincent. »¹¹³

En toute incohérence – Vincent n'a pas donné, mais *légué,* à Marie Daubigny – Pickvance contourne le problème de la toile unique en écrivant : « Comme il le fait souvent pour des tableaux auxquels il est attaché ou lorsqu'il fait cadeau d'un portrait au modèle… »

Il voit le *Jardin à Auvers*₈₁₄ « postérieur à la version de Hiroshima, dont il constitue un développement affiné, résultant d'une évolution

---

113. *A Great Artist is Dead*, op. cit.

artistique. Il serait ainsi la dernière des quatre toiles consacrées au jardin de Daubigny, et l'une des dernières oeuvres de Van Gogh à Auvers-sur-Oise». Après le 23 juillet, donc, dans les quatre derniers jours.

Sachant que Van Heugten avait remarqué que le *Jardin*$_{814}$ avait été réalisé en plusieurs sessions, la peinture ayant eu le temps de sécher dans l'entremise, un des deux experts se trompait. Vincent, Schuffenecker, Vincent, Schuffenecker, telle était néanmoins la séquence dont on était prié de se satisfaire pour admirer la *maestria* de «Van Gogh» peintre jardinier. L'inconvénient est qu'à ce jeu de quilles dès que l'une tombe, toutes les assurances tombent. Le *Jardin à Auvers,*$_{814}$ que les deux experts de la vente de 1992 liaient à l'authenticité de trois *Jardin de Daubigny* au lieu d'un, perd tout soutien savant avec la disqualification de ses avocats piégés par la copie de Bâle.

En 1994, Alain Mothe, spécialiste de la période d'Auvers, très impressionné par l'alliance Pickvance-Feilchenfeldt-musée Van Gogh, se persuade que la controverse autour des deux *Jardin de Daubigny* était non avenue ou, comme l'a dit Paul Gachet, «regrettable». Il défend l'authenticité des deux toiles dans ses commentaires de l'ouvrage du fils du docteur.

Quelques années plus tard, convaincu, non seulement de la fourberie de la maison Gachet, mais également de celle des Schuffenecker, il se demandait comment s'expliquer un tel aveuglement. Après Bart de la Faille, le fils de Theo ou Jan Hulsker, il deviendra persuadé de la nécessité de faire maigrir drastiquement le corpus d'Auvers, mais la citadelle était devenue un trop formidable bastion pour s'y attaquer.

Des dizaines d'articles opportunistes et quelques ouvrages vont reprendre le verdict des experts pour défendre le *Jardin à Auvers*₈₁₄ et la copie₇₇₇ de celui de Daubigny. Leurs auteurs vont garantir l'authenticité des canards boiteux et s'en prendre avec dédain, mépris ou brutalité aux contradicteurs. Premier à contester les savants, le chercheur italien Antonio de Robertis adresse au musée Van Gogh quelques feuillets, maladroits, certes, confus, certes, parsemés d'erreurs aussi, mais qui ont le mérite de rappeler que rien n'est résolu. Le musée Van Gogh le range dans les dossiers sans autre forme de procès. Un illuminé !

Mauvais calcul. Il y a plusieurs départs de feu et une partie de la presse avertie va chercher à en savoir davantage quand le *Jardin à Auvers,* défendu par le ban et l'arrière-ban des experts de la planète Van Gogh, proposé à un prix ridicule, repasse en vente publique le 10 décembre 1996 sans qu'un acquéreur se manifeste. Le débat sera biaisé, confisqué par les inévitables petits malins qui n'avaient jamais rien vu, mais qui, humant le parfum de scandale et ayant cru comprendre y mettent leur grain mélangeant tout, négligeant les arguments et parlant à la place de ceux que l'on traite d'« amateurs », par opposition aux « experts » du marché qui ont droit à tous les égards. Les chiens de garde du marché veillent. Cela ne suffira pas.

Nombre de mises en cause, notamment par Dorn et Feilchenfeldt, de plusieurs oeuvres authentiques, sauvées depuis, s'additionnent aux contestations fondées et un méchant décompte s'ensuit, le *Journal des Arts* titre *Cent Van Gogh remis en question,*[114] total réduit de plus de moitié quand le même papier : « *At least forty five Van Goghs may well be fakes* » est publié outre-manche dans le *Art Newspaper.*[115] Avec les approximations habituelles, *Le Monde,* qui entend les appels pressants à étouffer l'affaire, les relaie et s'accable du désastre :

---

114. Martin Bailey *Journal des arts* 30 mai 1997.
115. Martin Bailey, *The Art Newspaper* July/august 1997. Ayant trouvé là une veine Bailey y est revenu à diverses reprises, toujours avec la même compétence et toujours avec la même prétention à trancher..

«Un nouveau chapitre vient grossir le feuilleton des 'faux Van Gogh'. Celui-ci met en doute l'authenticité d'une des plus célèbres toiles du peintre, une version des *Tournesols* adjugée le 30 mars 1987, chez Christie's, pour la somme record de 24,7 millions de livres (268 millions de francs environ) à la société d'assurances japonaise Yasuda.»[116]

Pleine page et première image du *Monde* en couleurs. Pierre blanche. Une «analyse» éclaire le lecteur.

«De nombreuses oeuvres de Van Gogh sont, depuis 1995, remises en cause par des historiens et amateurs d'art. Tout est parti du «roman» rocambolesque du *Jardin à Auvers*: tableau «atypique» de Vincent ou main de Claude Emile Schuffenecker, pasticheur habile? Une chose est sûre, ce tableau a fait l'objet d'une médiatisation sans précédent, notamment parce que l'Etat français a dû verser 145 millions de francs au propriétaire - donc sans que le tableau lui appartienne - pour compenser l'interdiction de sortie du territoire. La rumeur et le doute ont ensuite gagné *Le Jardin de Daubigny avec un chat noir, L'Arlésienne, Le Docteur Cachet, L'Autoportrait au chapeau de paille, Le Semeur, L'Hôpital Saint-Paul à Saint-Rémy-de-Provence*. Et bien d'autres tableaux, mais aussi des dessins, et même l'unique eau-forte de Van Gogh, *L'Homme à la pipe*.»

Satisfaite de l'«embrouillamini» dont elle était largement responsable, évitant un débat auquel elle n'entend généralement rien, la presse s'en lave les mains, excepté le *Figaro* qui sera finalement dissuadé par un procès lui réclamant 10 millions de francs et la tête de son journaliste expérimenté. Elle reprend ensuite son rôle ordinaire de valet empressé, au mieux impertinent.

Egaré par la «provenance Tanguy», reprise par le comité de révision du «de la Faille» dont il avait été membre, Jan Hulsker avait accepté les deux toiles dans les différentes éditions de ses catalogues Van Gogh.[117] Comme Paul Gachet, et au contraire de de la Faille, il avait pris la copie pour l'original. Son *Van Gogh, a guide to his works and letters*,[118] édité le musée Van Gogh sous la responsabilité de Louis Van Tilborgh, montrait qu'il avait su comprendre que Vincent n'évoquait qu'une grande toile du *Jardin* dans les deux lettres qui la signalent. Par force, la toile de Vincent,[776] déclarée seconde, disparaissait de la *Correspondance*, chassée par la copie.[777]

Après nos échanges, il fera amende honorable et prendra conscience de sa méprise. Fort marri d'avoir été trompé, il rédigera une étude déclassant la copie de Schuffenecker et l'adressera au *Burlington magazine*, arrière-cour du musée Van Gogh, qui refusera de la publier.[119] Quand elle circula, on crût le vieux monsieur soudain tombé sur la tête ou son discernement victime de quelqu'assaut de démence sénile. Arrivant aux mêmes conclusions que le fils de Theo, dont il avait été l'ami bien des années auparavant, il écrivait que Vincent n'avait pas pu peindre en 70 jours les 76 toiles affectées à la période (82 selon d'autres) et entendait en faire tomber 20 d'un geste.

Dans le texte qui rabotait quelques vieilles croyances hollandaises, la phrase sur les *Jardin de Daubigny*, bien inutile sinon, montrait combien les dénigrements visant le mauvais lièvre avaient perduré: «Je me figure que toute suspicion visant le [*Jardin de Daubigny*] 2014/776 est aujourd'hui abandonnée.» Comme la chose est inévitable en pareil cas, il avait la main lourde et contestait plusieurs toiles authentiques, mais au moins marquait-il que nombre des certitudes qui avaient prévalu, y compris de son fait, n'étaient que vent.

Chose tout à fait exceptionnelle, en 2008, un même tableau apparut dans les catalogues de l'oeuvre de deux peintres différents.

117. Jan Hulsker, catalogues 1977, 1980 et *The New Complete Van Gogh*, Meulenhoff/Benjamins,1996.
118. Rijksmuseum Vincent Van Gogh,1993.
119. Jan Hulsker, *Van Gogh's Return to the North. The Paintings he Really Made in Auvers,* 14 pages, Victoria B.C., avril 2000. Arch. B. L.

Dans le deuxième tome de son catalogue raisonné de l'oeuvre de Schuffenecker, édité en 2008, l'historienne d'art américaine Jill-Elyse Grossvogel présentait ainsi la toile$_{777}$ de la collection Staechelin, catalogue Van Gogh : « *copy by Emile Schuffenecker.* » Aucune réserve n'assortissait cette attribution.

Lorsqu'un spécialiste prend le soin d'examiner les preuves accumulées, il n'y a plus guère de place au doute. On peut en revanche dissimuler ses conclusions pour gagner du temps et aucun des partisans de la copie n'a jamais, dans les innombrables et très élastiques cautions savantes accompagnant les publications, intitulées « bibliographie sélective », fait état du catalogue Schuffenecker 2008. La triche demeure un art subtil aux multiples facettes.

17

De mal en pis

En 2009, Walter Feilchenfeldt publie son catalogue *Die Gemälde 1886–1890*, se fiant toujours à Leclercq. Ce n'est pas un meilleur plaidoyer pour la copie₇₇₇ du *Jardin.*₇₇₆ La toile de Vincent₇₇₆ était, selon lui, peinte «pour madame Daubigny»[120] en conflit avec les remerciements qu'elle adresse à Theo pour l'annonce du legs et avec l'évidence qu'elle est destinée à Theo quand Vincent la lui décrit dans sa dernière lettre. La réalité est différente, se sachant perdu, Vincent entrevoit un moyen de s'afficher aux côtés d'un de ses maîtres. *La version avec l'inscription,*₇₇₇ que Feilchenfeldt voit seconde, plus réduite et plus abstraite ou simplifiée, a été, selon son opinion, peinte pour Theo, bien que cela soit intenable. Une copie par Vincent de l'un de ses tableaux est fatalement d'une qualité au moins équivalente à son modèle.

Dans un courrier de juin 2016, Feilchenfeldt me dira regretter, devant les preuves transmises, ses erreurs dans la provenance des deux versions.[121] Il affirmera cependant continuer à les croire toutes deux authentiques, l'inscription devant indiquer à Theo un lieu qu'il ne connaît pas. Incohérence là encore, Vincent ne peint pas «pour Theo», il réalise un oeuvre qui sera montré, tel est le but

---

120. Walter Feilchenfeldt, *Vincent Van Gogh: The Years in France: Complete Paintings* 1886-1890, Philip Wilson Publishers Ltd, 2013, pp. 284-285
121. En 2099, interviewé pour *Art das Kunstmagazine,* 4 août 2009, par Stefan Koldehoff, infatigable chien de garde de l'*establisment* qui a désormais bonne mine, il affirmait avoir résolu le problème de l'authenticité des deux versions du *Jardin de Daubigny,* grâce aux provenances.

dont il ne s'est jamais laissé distraire. Pour Theo ou pas, hormis les dédicaces ou ce qui est inscrit sur les bâtiments, Vincent n'écrit rien sur ses toiles.

Pareilles assurances ne pouvaient qu'encourager les aigles de la billetterie et mener à la comédie jouée par Bernhard Mendes-Burghi et Zina Zimmer du *Kunstmuseum* de Bâle, épaulés par Feilchenfeldt, qui avaient choisi, en 2009, la copie de Schuffenecker pour toile d'appel de leur exposition : « *Entre terre et ciel : les paysages* ». Tout y était, jusqu'aux furieusement kitsch *plastic bags* fluo ou aux cartes de crédit de la banque qui soutenait « l'événement phare de la culture européenne en 2009. » Les rappels au respect de la mémoire de Vincent furent vains.

Interrogé au même moment sur les deux *Jardin* le musée d'Amsterdam répondait :

« Sur ce sujet, nous nous en remettons à la dernière opinion de la littérature savante. Le musée Van Gogh pense, comme Ronald Pickvance dans son catalogue d'exposition *Van Gogh at Saint-Rémy and Auvers* New York (*Metropolitan Museum of Art*) pp. 272-73, 284-87, que la première version de Van Gogh est F 777 (Fondation Rudolf Staechelin, prêt permanent au *Kunstmuseum* de Bâle) et le second est F 776 (Hiroshima, Museum of Art). La première est, selon nous, mentionnée dans la lettre de Van Gogh du 10 juillet, et la seconde dans sa lettre du 23 Juillet (avec l'esquisse étant plus en harmonie avec F 776 qu'avec F 777), mais il faut ajouter que les deux œuvres ont jamais été étudiés en détail ainsi que d'un point de vue technique, nous sommes donc ouverts à de nouvelles suggestions concernant leur relation en termes d'ordre. »[122]

Maigre contribution à la science, en 2009 toujours, la monumentale édition de la *Correspondance* sous l'égide du musée, fauchant ras les conclusions d'Ueberwasser, parvenait, par le biais d'une note,

---

122. E-mail de Natalie Bos, *Press officer* du musée Van Gogh à Hanspeter Born, du 23 juin 2009.

à confirmer la conclusion de Hentzen, sans bien sûr lui rendre hommage ni le citer en bibliographie : « Le croquis de cette lettre a été fait d'après *Le jardin de Daubigny* 776 [la toile de Hiroshima]. »[123] On admire au passage l'équivalence : « plus en harmonie avec… » et « fait d'après ».

Les commentateurs du musée se dispensent d'entrevoir les implications leur découverte, certaine depuis trois quarts de siècle. Soulignons (après avoir rappelé en passant que l'inverse fondait l'acceptation par de la Faille, Ueberwasser, Gachet & consorts) ! Vincent décrit un unique *Jardin*$_{776}$ pour Theo et, par une miraculeuse facétie du destin, la mention *Le jardin de Daubigny* dont il assortit son croquis migre vers une copie,$_{777}$ que l'on dit préalablement peinte ? La main du diable ! Non, Vincent décrit simplement pour Theo une toile$_{776}$ qui lui est destinée. Les ingénieux concocteurs de faits alternatifs qui croyaient pouvoir soutenir que la toile$_{777}$ sur laquelle l'intitulé était inscrit était pour Theo en sont pour leurs frais. La toile$_{776}$ décrite pour Theo fut ensuite léguée, puis promise, à Marie Daubigny, cela suffit à tout résoudre. Une unique toile. Exactement comme Vincent dit.

La note admettant que la toile d'Hiroshima a servi de modèle offrait en toute incohérence l'occasion d'évoquer la toile$_{777}$ de Bâle, de glisser un lien renvoyant à sa reproduction et d'en certifier de nouveau l'authenticité. Les éditeurs de la *Correspondance*, s'étaient pourtant imposé pour règle éthique de n'enregistrer et de ne reproduire que les oeuvres « de Van Gogh » pour lesquelles existe « un consensus sur l'identification dans la littérature sur Van Gogh » et de discuter, en note, « les identifications problématiques ou controversées ».[124] En marge de la transparente déclaration d'intention d'abriter, en cas de besoin, dans la *Correspondance,* des canards boiteux qui n'ont évidemment, consensus ou pas, rien à y

123. Lettre 902, note 7. Pour une étude détaillée, voir Yoshiyuki Furutani *et al*, *« Daubigny's Garden » 1890 by Vincent Van Gogh*, Hiroshima Museum of Art Kibi International University, 2010, pp. 54-57
124. *About this Edition*, 5 *The Annotations, Principles*, 5.4.3 *Van Gogh's Works*.

faire, la question de la fraude scientifique est ouverte dès que les *Principes* énoncés sont violés. On cherchera en vain une quelconque discussion dans les trois notes[125] qui offrent l'occasion de reproduire l'improbable et très contesté *Jardin de Daubigny*₇₇₇ de Bâle, copie trois fois décrétée authentique, sans le plus petit doute, dont Vincent n'a évidemment pas fait état.

Peu après leur court-métrage « Moi, Van Gogh »,[126] disant assez l'humilité de l'approche, Peter Knapp et Wouter Van der Veen ont signé, en 2010, un ouvrage sur la période d'Auvers.[127] Le grand dessein était de démystifier Van Gogh, l'entreprise revendiquait un « accès à la totalité des documents » et se voulait « catalogue complet » s'appuyant sur les lettres de Vincent qui donnent « des précisions sur certaines toiles de façon extrêmement précise. » Ancien collaborateur du musée Van Gogh, Van der Veen – qui avait conté son intimité avec les lettres de Vincent[128] lues pour la nouvelle édition de la *Correspondance* – ne pouvait faire moins que vérifier le *verbatim*. A en juger par les commentaires qu'il signe avec Knapp sur toute une série de faux qu'ils retiennent et promeuvent, ils ne se sont pas accordés sans peine, sachant parfois trouver les formules qui éviteraient de déplaire à Axel Rüger, directeur du musée Van Gogh, leur honorable préfacier. La notice qu'ils consacrent à l'épineux *Jardin de Daubigny* en double, placé à la date (erronée) du 10 juillet, est l'un de leurs morceaux de bravoure témoignant du trouble.

> « *Le jardin de Daubigny* a connu, comme son quasi-double avec un chat, une histoire mouvementée. Des spécialistes plus ou moins bien renseignés, plus ou moins sérieux, se sont déchirés sur l'authenticité de l'oeuvre. Le présent ouvrage n'ayant pas pour vocation de prendre une quelconque position sur la question de l'attribution de ces oeuvres exceptionnelles, ni

125. Notes 889-10, 898-5 et 902-7, *in* http://vangoghletters.org/
126. François Bertrand, 25 mars 2009
127. Peter Knapp et Wouter Van der Veen, Vincent Van Gogh à Auvers, Chêne, 2010
128. Vouter Van der Veen, *Dans la chambre de Vincent* 2004

même de décrire les interventions d'éventuels restaurateurs ou de collectionneurs plus ou moins scrupuleux, il ne sera ici question que des tableaux qui nous sont parvenus, dans l'état où ils nous sont parvenus. Qu'il y ait eu un chat ou que le ciel ait été repeint est intéressant, mais comme il ne viendrait heureusement à l'idée de personne de rectifier ces rectifications, fût-il prouvé qu'elles soient l'oeuvre d'un faussaire mal intentionné, il paraît raisonnable de nous contenter de ce que nous avons la chance d'avoir devant nos yeux. De plus, quel plus bel hommage à l'artiste que d'être copié, falsifié, imité, manipulé? N'y a-t-il pas là, au fond, un privilège historique réservé aux plus grands?

Ces tableaux, qu'ils soient de la main de Van Gogh ou du Saint-Esprit en personne, représentent un motif que le peintre a décrit dans les termes suivants: «c'est une de mes toiles les plus voulues». Au-delà des querelles sur les formes, les couleurs et la facture, qui n'intéressent qu'une poignée d'experts en quête d'on ne sait quelle reconnaissance, la composition est riche d'enseignements sur cette fameuse «volonté» de Van Gogh. En effet, la villa au dernier plan est une manipulation de la réalité du motif.»

Voilà à peu près où nous en sommes. Knapp et Van der Veen — et ils sont loin d'être isolés sur leur position — ont compris que l'un des deux *Jardin* était (au moins probablement) de trop. Ils n'ont pas les moyens de contester le travail des spécialistes qui dérangent la belle orthodoxie experte, mais ils peuvent les calomnier et les dénigrer tirant leur épingle du jeu et perpétuant l'imposture. Leur incapacité à faire la part du faux les conduit, après d'autres, à décréter le débat dénué d'intérêt et le vrai et le faux équivalents, sans mesurer le caractère intenable de la monstruosité qu'ils profèrent.

Butant, pour de vrai, sur «*une de mes toiles les plus voulues*», ils tentent de s'en sortir d'une pirouette: «un motif que le peintre a décrit dans les termes suivants». Non, beaux masques, Vincent n'a pas décrit *un motif*, mais sa toile, unique. Et chacun sait que les gens qui disent «deux» quand il est écrit «un» sont des faussaires, des révisionnistes et au bout du compte des barbares qu'il faut combattre avec la dernière énergie si l'on ne souhaite éviter que le langage lui-même, le fondement même de ce qui lie les hommes entre eux, ne soit asservi. Les enjeux ne sont plus artistiques. Ils ne tournent autour de l'art qu'en raison de sa dimension, mais sont simplement essentiels pour éviter, Voltaire l'a dit, la mainmise de «l'infâme».

En 2013, dans l'étude technique comparative, qu'il semblait appeler de ses voeux avant de prendre une décision définitive (déjà prise depuis des lustres) le musée Van Gogh pouvait s'afficher plus que jamais sûr de son fait dans un ouvrage prétendant faire autorité[129] et s'offrir le luxe de représenter quatre fois les deux grandes versions du *Jardin de Daubigny*. En tout seigneur tout honneur, trois fois la fausse, dont une pleine page, et une fois, en vignette, la toile de Vincent.

Evoquant, dans son article : *Les différents supports,* le format «double-carré» du *Paysage au crépuscule,*770 Ella Hendriks, la responsable de la restauration, future professeure à l'UVA d'Amsterdam, faisait valoir que cette toile, dont le décompte de fils moyen donnait de 11,2 à 11,6 fils de chaîne au cm pour 16,1 à 17,5 pour la trame, provenait «du rouleau de 7 à 10 mètres de long que Van Gogh avait commandé le 29 avril 1890863 et réceptionné le 11 mai 1890.»870

Un peu plus tôt dans le catalogue,[130] Marije Vellekoop avait préparé le terrain en disant, après avoir très gratuitement affirmé que Daubigny lui avait inspiré ce format en double-carré, que Vincent avait en retour peint «plusieurs fois» le jardin dans ce format panoramique, elle en était venue au fait. «Van Gogh utilise

129. Marije Vellekoop *et al., Van Gogh à l'oeuvre,*Van Gogh Museum / Actes Sud, 2013
130. Idem, Un nouveau format de toiles. p. 216

de la toile commandée chez Tasset et Lhotte. Les recherches ont montré qu'il découpe chaque fois dans la largeur du rouleau (2,14 mètres) deux toiles d'un peu plus d'un mètre de large. Sur les onze toiles examinées, une seule exception : elle a été découpée dans le sens de la longueur (ill. 297). » Combien de toiles double-carré représentées sur l'illustration 297 ? Treize. Deux donc, dispensées d'examen, ont donc été rangées à l'aveugle. Jolie science.

Le champ de la preuve ainsi campé, Hendriks pouvait ainsi passer « aux treize paysages et un portrait » en format double-carré, de nouveau présentés comme autant d'hommages à Charles-François Daubigny. Au premier chef la copie du *Jardin*$_{777}$ qui apparaîtra à tous comme peint sur la même toile, donc authentique.

Ce fut le cas de l'un de mes vigilants correspondants m'annonçant victorieusement que j'avais dû me tromper assez lourdement et que la toile de Bâle était authentique, car venue du même rouleau que les autres tableaux du même format. Je lui fis observer qu'il n'était pas assez entraîné au décryptage de la communication du musée Van Gogh et lui fis suivre le propos de Don Johnson, qui a mené, pour le musée Van Gogh, l'étude sur les trames, « il est difficile de dire, en se fondant sur le seul décompte du nombre des fils, quelles peintures proviennent d'un même rouleau. »

Pour lui expliquer quelle valeur pouvait avoir l'enfumage autour du rouleau, je lui rappelai qu'après les trois premières, « *longue[s] d'un mètre sur 50 centimètres seulement de hauteur* »,$_{891}$ peintes à la mi-juin, après réception d'un rouleau envoyé le 5, d'autres toiles au format double-carré ne pouvaient *pas* provenir du rouleau à la longueur hypothétique reçu par Vincent le 11 mai à Saint-Rémy. Tout à fait à sec de toile, au point de peindre sur un torchon la veille, il écrit, le 18 juillet, avoir « *attendu l'envoi de couleurs et de toile de Tasset, qui vient d'arriver* ».$_{889}$

Etalées sur un mois et demi, entre la mi-juin et le 26 juillet, les 12 toiles double-carré sont peintes sur trois rouleaux différents. Vincent en signale sept,[131] entre mi-juin et mi-juillet, une autre,[132] très calme, est nécessairement peinte au cours des quatre derniers jours, sans compte-rendu, précédant la visite à Paris du 6 juillet, ainsi qu'une autre$_{811}$ qui se laisse dater du 5 juillet par la pluie qui la raye et deux[133] sont peintes après la dernière lettre, car postérieures à la moisson qui vient de débuter, ainsi que les *Racines*$_{816}$ manifestement tardives. Trois toiles peintes après la dernière lettre ne laissent de toute façon guère de place à une réplique de dernière minute. Vincent a des sujets, il peint jusqu'à mourir.

Mais ce n'est pas la seule poudre aux yeux du musée Van Gogh à l'oeuvre. Quand bien même Schuffenecker se serait fourni chez le même fabricant – ce qui n'est pas établi et devrait être vérifié *a minima* – on ne montrera jamais que la copie du *Jardin de Daubigny* provient des rouleaux de toile utilisés par Vincent à Auvers, pour une autre raison. Celle qui avait permis de montrer, à travers du témoignage de Daniel de Monfreid, que le rose de la toile de Hiroshima, remarqué au début des années 1890 chez Tanguy, avait disparu lorsque qu'il l'avait revue chez Fayet dix ans plus tard.

Que dit *Van Gogh à l'oeuvre* ? Laque Géranium ?

«Une couleur intense mais fugace […] couleur effectivement très présente dans les tableaux de l'époque d'Auvers, […] la couleur s'est altérée, parfois jusqu'à disparaître complètement. Cela ne vaut pas seulement pour les parties rouges. Le rose d'origine est souvent devenu tout à fait blanc.»[134]

Qui l'écrit ? Muriel Geldof et Birgit Reissland. Qui le répète ? Ella Hendriks. Qui produit un prélèvement de pigment montrant le rose de la couche d'apprêt de la *petite étude* ?$_{765}$ Ella Hendriks. Qui

131. Dans cet ordre : F. 775 (891), 773 (891),F. 770 (891), 772 (893), 778 (898), 779 [898] 776 (898),
132. [793 comme 806 du même sujet, visite Theo]
133. 771, 809.
134. *Van Gogh à l'oeuvre op. cit.,* p. 264

colorise son image pour figurer le rose de Vincent disparu ? Ella Hendriks. Tout le monde est donc bien au courant.

Que montre le *Jardin de Daubigny*₇₇₇ reproduit pleine page dans *Van Gogh à l'oeuvre* ?[135] Une belle façade rose. La couleur utilisée n'est donc pas celle de Vincent. Personne n'a vu ? Qu'il soit permis d'en douter tant c'est flagrant.

La comédie perdurera, d'habiletés en esquives, avec l'occasion toujours saisie de reléguer le *Saint-Esprit en personne* qu'avaient entrevu Knapp et Van der Veen dans les nimbes. Feilchenfeldt transformera systématiquement Emile en Amédée comme pour plus de sûreté. Louis Van Tilborgh, l'un des plus farouches partisans de la probité d'Emile écrira en 2015 : « Amédée Schuffenecker, le frère de l'artiste Emile, que des historiens d'art et les conservateurs de musées ont catalogué faussaire depuis les années 1930 »[136] et une note renverra à sa propre, frauduleuse et misérable, contribution de 2001, innocentant le faussaire pour mieux garantir ses faux *Tournesols*.[137] Emile Schuffenecker masque le chat, Judith Gérard l'a dit. Chercherait-on à faire oublier qu'Hentzen avait découvert que le rouge qui avait recouvert le chat était celui du toit de l'église de la copie ?

En 2016, aboutit l'idée d'une exposition itinérante Etats-Unis, Pays-Bas, Ecosse : « Daubigny, Monet, Van Gogh » tout à la gloire du *Jardin de Daubigny,* oeuvre pivot. Lequel ? La copie de Schuffenecker₇₇₇ au chat bleu et à la façade rose. Acceptant volontiers d'être bernée, Nienke Bakker, responsable des peintures au musée Van Gogh, s'efforce dans le catalogue de prendre le contre-pied du fils de Theo, de Hulsker, de tant d'autres, attribuant à Vincent « plus de 75 » toiles à Auvers, après avoir précisé, et pour cause, que la productivité avait alors été « sans précédent ».[138]

135. Illustration 312 page 221
136. Blue, RISD Museum, Spring 2015.
137. http://www.dbnl.org/tekst/_van012200101_01/_van012200101_01_0003.php
138. Ambrosini *et al, Daubigny, Monet, Van Gogh*, Van Gogh museum publishing, Amsterdam, 2016

L'*Avant propos* des directeurs, Deborah Emont Scott (Cincinnati), Sir John Leighton (Edimbourg), Michael Clarke (Edimbourg) et Axel Rüger (Amsterdam), sans doute trop habitués à drainer le pèlerin vers les lieux du culte dont ils sont les grands prêtres, ose : « Auvers-sur-Oise [où Daubigny avait sa maison et son atelier], devint un lieu de pèlerinage pour de nombreux adeptes et admirateurs, dont le moindre ne fut pas Vincent Van Gogh ».

A peu près tout le monde sait que Vincent n'est allé à Auvers *que* pour bénéficier de l'éventuelle protection du docteur Gachet qui s'était engagé à veiller sur lui. Sans les inviter à lire les instructives lettres de Vincent, on peut au moins conseiller à ces promoteurs de la ferveur religieuse d'ouvrir le catalogue qu'ils patronnent à la page 114, pour y lire, sous la plume de Nienke Bakker : « Vincent n'était probablement pas averti que certains de ses artistes favoris, Corot, Daubigny, Honoré Daumier l'y avaient précédé. »

L'amateurisme de directeurs censés superviser le travail de leurs employés est une des grandes causes des études folkloriques et du succès des falsifications. L'occultation du sens de la peinture en choisissant à dessein l'image du voyageur religieux se rendant au sanctuaire, puis en Terre sainte avec les croisés, nanti de l'esprit critique que l'on sait, relève du sempiternel mépris pour les dévots dont seul le nombre importe.

Pionnier à cet exercice, Ronald de Leeuw écrivait en 1995 : « Le Van Gogh Museum est devenu l'une des institutions les plus populaires de sa catégorie en Europe, un lieu de pèlerinage pour des millions… »[139]

Et comme Constantinople n'a pas manqué de fournir les certificats qui accompagnaient les reliques qu'elle fabriquait !

---

139. Ronald de Leeuw, *Van Gogh Museum Journal*, 1995, p. 9.

Annexe 1

Les dates de la *Correspondance* d'Auvers

Il est sans doute bien superflu de s'en formaliser, mais l'exil en *Related manuscripts* de certaines lettres, sous prétexte qu'elles n'auraient pas, de l'avis des éditeurs de l'édition, été achevées ou envoyées est une grande erreur. Si l'on peut comprendre le placement à part de fragments inclassables, l'intérêt, pour un lecteur de la *Correspondance,* est de connaître ce qui a été écrit et sauvegardé. Conséquence de l'étroitesse d'esprit qui exige parfois une signature et un envoi pour qu'une lettre soit déclarée *lettre,* six écrits, classés de RM20 à RM25, n'apparaissent pas dans la *Correspondance* d'Auvers aux 31 entrées. Si l'on veut bien considérer que trois missives ont, la chose est certaine, atteint leurs destinataires, la bévue sera manifeste. Elle devient éclatante quand on sait que la lettre – avec en-tête et signature, expédiée, à laquelle il fut répondu – la plus importante pour comprendre ce qui précipite le suicide de Vincent fait partie des exilées. Elle a été par surcroît mal datée, donc mal classée et vidée de son sens. Le brouillon de la dernière lettre à Theo, lui aussi rangé dans les réserves, est également de la plus haute importance pour saisir ce qui oppose les deux frères à la veille du suicide.

Le classement ici proposé reprend la nomenclature de l'édition de la *Correspondance* de 2009. Il réintègre les bannies et dispute les dates non satisfaisantes, parfois clairement erronées.

873/635 *To Theo van Gogh and Jo van Gogh-Bonger.*
Auvers-sur-Oise, Tuesday, 20 May 1890.

20 mai

Cette date peut être tenue pour certaine pour diverses raisons. Il n'est pas possible de la reculer dans le temps.

874/636 *To Theo van Gogh and Jo van Gogh-Bonger.*
Auvers-sur-Oise, on or about Wednesday, 21 May 1890.

21 mai

L'incertitude est levée par le contenu et la lettre suivante à Theo disant combien de toiles sont peintes, métronome d'Auvers.

RM19/W21 *To: Willemien van Gogh Auvers-sur-Oise, on or about Wednesday, 21 May 1890*

23 mai

Lettre du début d'Auvers avant d'avoir revu Gachet le 25 mai. La date du 23, choisie arbitrairement est une «bonne date». Faute d'avoir assez à dire à sa petite soeur, il laisse sa lettre en suspens.

RM20/61 *4 a To Joseph Isaäcson*
Auvers-sur-Oise, Sunday, 25 May 1890

24 mai

Brouillon, immédiatement antérieur à la lettre à Isaäcson jointe à celle adressée à Theo du lendemain. 24 mai est une «bonne date».

875/637 *To Theo van Gogh and Jo van Gogh-Bonger.*
Auvers-sur-Oise, Sunday, 25 May 1890.

25 mai

Vincent attendait au plus tôt la lettre de Theo dimanche. Le recoupement avec les observations météorologiques rend cette date fiable.

876/T35 *Theo van Gogh to Vincent van Gogh.*
Paris, Monday, 2 June 1890.

2 juin

Lettre datée par Theo. Aucune raison de remettre en cause, elle permet de caler d'autres courriers.

877/638
3 juin
To Theo van Gogh.
Auvers-sur-Oise, Tuesday, 3 June 1890.

Accusant réception de la lettre de Theo de la veille, *Ce matin, arrive ta lettre* suffit à dater (et à confirmer que pour Vincent la date d'une lettre est la date de réception).

878/639
5 juin
To Anna van Gogh-Carbentus.
Auvers-sur-Oise, Thursday, 5 June 1890.

Comme pour la suivante, envoyée dans la même enveloppe, la date est donnée par sa réception le 6 par Moe et Wil. Elle est certaine

879/W22
5 juin
To Willemien van Gogh.
Auvers-sur-Oise, Thursday, 5 June 1890.

Comme pour la précédente, la date est donnée par la réception le 6 par Moe et Wil. Elle est certaine.

880/T36
5 juin
Theo van Gogh to Vincent van Gogh.
Paris, Thursday, 5 June 1890.

Theo qui, séquelle hollandaise, confond juin et juillet, *juni* et *juli* a d'abord écrit juin avant de rectifier.

RM22/--
9 juin
To Vincent van Gogh
Auvers-sur-Oise, probably June-July 1890

Ce billet de Gachet, écrit un lundi, ne peut, pour cause de brouille en juillet, dater que de juin 1890, soit les 2, 9, 16, 23, 30. Diverses raisons intrinsèques rendent les autres dates improbables, validant le 9. *Maître,* trop manifeste flagornerie du docteur à la notoire cupidité, qui n'a pas vu achevé le portrait que Vincent a pris de lui le mardi précédent, vient aux nouvelles. Il peut s'estimer d'autant plus qualifié pour obtenir le *Portrait* en retour qu'il a, la veille, reçu à déjeuner Vincent, Theo, Johanna et leur enfant.

881/640
10 juin

To Theo van Gogh and Jo van Gogh-Bonger.
Auvers, Tuesday, 10 June 1890.

Antérieure à la réception de la lettre de Marie Ginoux datée du 10 reçue le 11.

882/---
10 juin

Marie Ginoux-Julien to Vincent van Gogh.
Arles, Tuesday, 10 June 1890.

Vincent répondra immédiatement à cette lettre des Ginoux reçue le jour même. Date acquise.

883/640a
11 juin

To Joseph and Marie Ginoux.
Auvers-sur-Oise, Wednesday, 11 June 1890.

Vincent y dit : *de suite je veux répondre* à la lettre de Mme Ginoux du 10, reçue le 11.

884/G41
13 juin

Paul Gauguin to Vincent van Gogh.
Paris, on or about Friday, 13 June 1890.

Gauguin a manifestement porté à Theo cette lettre qu'il lui a demandé d'envoyer à Vincent. Theo la joindra à sa lettre du 15. 13 juin est une « bonne date ».

885/641a
13 juin

To Anna van Gogh-Carbentus.
Auvers, Friday, 13 June 1890.

Une formule identique à celle de la lettre aux Ginoux *obscurément comme dans un miroir* « tire » la lettre vers le 11 juin. Mais, 886/W 23, simultanée, la "pousse" en raison du : *Une étude dans le genre de la Moisson*, peinte la veille lors des ondées du 12 juin, d'où le 13.

886/W23
13 juin

To Willemien van Gogh.
Auvers, Friday, 13 June 1890.

Même date que 885 pour de très bonnes raisons. Envoyée avec celle adressée à *Moe*.

887/641
To Theo van Gogh.
Auvers-sur-Oise, Saturday, 14 June 1890.

14 juin

Lettre datée par *samedi, donc aujourd'hui*, information liée à l'envoi des meubles.

888/T37
Theo van Gogh to Vincent van Gogh.
Paris, Sunday, 15 June 1890.

15 juin

Theo confond juin et juillet, il faut lire 15 juin et non 15 juillet, ainsi que tout le monde en convient.

889/642
To Theo van Gogh.
Auvers-sur-Oise, Tuesday, 17 June 1890.

18 juin

Vincent dit *ta lettre d'avant-hier*. Cela ne renvoie pas, à la date figurant sur la lettre elle-même, mais à la date de réception, qui sert de référence pour Vincent. 17 juin n'est donc pas recevable.

RM23/643
To Paul Gauguin
Auvers-sur-Oise, on or about Tuesday, 17 June

19 juin

Les croquis renvoient à 767 également évoquée dans la lettre à Theo du 18. Mais après elle, qui ne mentionnait pas les toiles venues de Saint-Rémy avant le 23. On ne sait quand Vincent, qui conservera ce brouillon, enverra la lettre qui répondra à la lettre de Gauguin reçue le 18, mais divers éléments autour de la réponse de Gauguin (reçue entre le 28 juin et le 2 juillet, très probablement le 30) permettent de déduire que l'envoi aura lieu aux alentours du 22. La réponse a sans doute été différée dans l'attente que Gauguin soit en Bretagne. Voir le « *Gauguin y va* » du 18.

890/T38
Theo van Gogh to Vincent van Gogh.
Paris, Monday, 23 June 1890.

23 juin

La lettre est datée, il n'y a pas d'ambiguïté.

891/644
24 juin

To Theo van Gogh.
Auvers-sur-Oise, Tuesday, 24 June 1890.

Réponse à la lettre de Theo reçue le jour même, 24. Confirmé par le fait que Gachet, qui *doit venir*, n'est plus à Auvers à partir du mercredi.

892/G42
29 juin

Paul Gauguin to Vincent van Gogh.
Le Pouldu, on or about Saturday, 28 June 1890.

C'est une meilleure date, avec la réception de cette lettre par Vincent le 30.

893/645
28 juin

To Theo van Gogh.
Auvers-sur Oise, Saturday, 28 June 1890.

Date donnée par une lettre de Theo à sa mère du lendemain l'évoquant. Vincent a vu le docteur, de retour le samedi soir, qui lui a promis de faire poser sa fille une seconde fois après le *Portrait de Marguerite* peint les 26 et 27 juin.

894/T39
1er juillet

Theo van Gogh to Vincent van Gogh.
Paris, Monday, 30 June and Tuesday, 1 July 1890.

Theo a terminé ce jour-là sa lettre commencée la veille, 30 juin, et ainsi datée. La date d'achèvement est ici retenue.

895/--
1er juillet

Théophile Peyron to Vincent van Gogh.
Saint-Rémy-de-Provence, Tuesday, 1 July 1890.

Lettre datée par Peyron de ce jour-là.

896/646
2 juillet

To Theo van Gogh and Jo van Gogh-Bonger.
Auvers-sur-Oise, Wednesday, 2 July 1890.

Réponse par retour de courrier à la lettre de Theo reçue le même jour. Date certaine.

897/T40
Theo van Gogh to Vincent van Gogh.
Paris, Saturday, 5 July 1890.

3 juillet

Theo répond immédiatement à Vincent et date sa lettre du 5 juin avant de ne corriger que le mois. Il n'a pas pu écrire le samedi 5 (dans une lettre que Vincent ne peut pas recevoir avant le lendemain, dimanche 6), «viens donc si tu veux dimanche par le premier train». Cette lettre qui commence par *Merci bien de ta lettre* (du 2, reçue le 3 juillet) a été écrite dès réception.

RM24/647
To Theo van Gogh and Jo van Gogh-Bonger
Auvers-sur-Oise, Monday, 7 July 1890

6 juillet

Il ne s'agit pas d'un courrier rédigé à Auvers et non envoyé, mais d'un mot abandonné par Vincent à Paris, en l'absence de Theo et Johanna, avant de repartir pour Auvers le dimanche soir et, pour cette raison, signé d'un simple « V. », Vincent donnera plus tard les raisons de son départ précipité.

RM20/648
To Theo van Gogh and Jo van Gogh-Bonger
Auvers-sur-Oise, Saturday, 24 May 1890

10 juillet

La date du 24 mai est une erreur de Hulsker reprise par tous. Elle est intenable. J'ai détaillé mes raisons dans *Vincent s'est tu* et *Quand tout bascule*.

898/649
To Theo van Gogh and Jo van Gogh-Bonger.
Auvers-sur-Oise, on or about Thursday, 10 July 1890.

13 juillet

Date certaine. Vincent a pris Johanna à partie dans sa lettre du 10 reçue à Paris le 11. Johanna qui ne peut répondre sans soumettre à Theo, répond le 12. Vincent lui répond ici, par retour, le 13. Les circonstances exigent cette réponse immédiate.

899/650
To Anna van Gogh-Carbentus and Willemien van Gogh.
Auvers-sur-Oise, between about 10 and 14 July 1890.

14 juillet

Cette lettre est postérieure à 898 du 13 qui dit: «*j'ai ce matin une lettre d'elles et répondrai sous peu*». Elle évoque des champs de blés mentionnés dans la lettre à Theo. Elle peut dater du 13, mais plus probablement du lendemain. Il n'y a apparemment pas de raison de penser que Vincent ait tardé répondre.

900/T41
14 juillet

Theo van Gogh to Vincent van Gogh.
Paris, Monday, 14 July 1890.

Cette lettre est datée du 14 juillet et les informations croisées confirment.

901/T41a
22 juillet

Theo van Gogh to Vincent van Gogh.
Paris, Tuesday, 22 July 1890.

Tardivement rendue publique, tant son contenu dérangeait la « vérité » promue par la famille van Gogh et ses obligés, cette lettre est également datée. Sa date permet de caler celle du brouillon conservé et du courrier suivant.

RM25/652
23 juillet

To Theo van Gogh.
Auvers-sur-Oise, Wednesday, 23 July 1890

Brouillon de la lettre suivante, du même jour, jadis considéré comme la dernière lettre, car Theo avait écrit l'avoir trouvée sur Vincent : « lettre qu'il portait sur lui le 27 juillet jour du sinistre. »

902/651
23 juillet

To Theo van Gogh.
Auvers-sur-Oise, Wednesday, 23 July 1890.

Renvoyant à la lettre de Theo du 22 reçue le 23, … *merci de ta lettre d'aujourd'hui,* date de réception toujours, rend la date certaine.

La collection des « Van Gogh »
de
Gustave Fayet
Tentative de reconstitution

Il ne sera pas discerné à Gustave Fayet de brevet de grand amateur de Vincent, de pionnier de l'art moderne, de mécène, ni aucune de ces médailles dont les chroniqueurs sont si souvent prodigues dans les lignes qu'ils consacrent aux anciens propriétaires de toiles devenues hors de prix. Ce serait faire injure à cet ancien conservateur du musée de Béziers qui avait d'autres préoccupations, «gagner de l'argent avec la peinture»[140] ainsi qu'il entendait le montrer à Daniel de Monfreid ou être parvenu, ainsi qu'il s'en est vanté, à avoir obtenu sa collection pour rien, ce qui résume sa propre appréciation des oeuvres des artistes de sa collection : valeur zéro.

Il ne semble pas exister de relevé exhaustif des « *Van Gogh* » de sa collection, hormis celui qu'il dresse «vers 1912», «en 1912», ou «en 1914»[141], signalant huit toiles qu'il intitule : «*L'homme à la pipe*; les *Blés, Arles*; *Jardin à Arles*; *Piéta*; *les Cyprès*; *Maisons Blanches*; *Jardin de Daubigny.*»

Les différents recoupements entre diverses correspondances, les prêts, trois toiles aux *Indépendants* en 1905, cinq pour l'exposition chez le marchand Eugène Druet en 1908; les relevés de Jean-Gabriel Goulinat, trois toiles, ou de Julius Meir-Graefe, fin 1903, qui en dénombre six; les enregistrements aux catalogues Bart de la Faille, 9 toiles, ou, plus récemment, celui du marchand zurichois Walter Feilchenfeldt, 10 toiles (2013), permettent de retrouver la trace de 15

---

140. Gustave à Madeleine Fayet, [9 février 1901], Arch. privées, inédite.
141. Magali Rougeot *op. cit.* donne ces diverses dates, pages 78, 84, 85, etc…

oeuvres. L'aquarelle 1526 et 14 peintures qu'il s'agit d'identifier, en s'efforçant de les classer par ordre d'entrée dans la collection Fayet.

548. Le premier Vincent à intégrer la collection Fayet est les *Arènes d'Arles,* une toile de 30 qui passera par la suite à Serguei Chtchoukine, le frère d'Ivan, précédent détenteur du *Jardin de Daubigny.* Les *Arènes* seront vendues à Drouot le 19 avril 1904. Cette toile, F 548, selon la nomenclature Faille, aujourd'hui conservée à l'Hermitage de St Petersbourg n'est pas mentionnée dans la *Correspondance* de 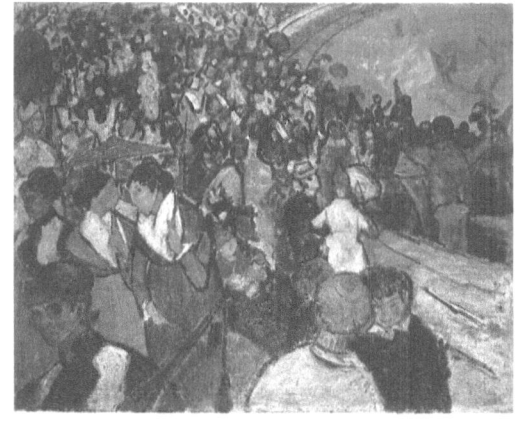 Vincent, mais elle est manifestement l'une de celles qu'il construit d'imagination durant le séjour de Gauguin en Arles à la fin 1888. Le représentant mal, elle sera, peut être pour cette raison, abandonnée en Arles, mais réapparaîtra lorsque les époux Ginoux, chez qui il avait remisé ses affaires, la céderont à leur ami, le «publiciste» Henry Laget. Ce journaliste arlésien faisait remonter à Vollard les toiles que Vincent avait abandonnées dans le Midi ou offertes à divers proches. L'identification est permise par un courrier de Laget à Vollard du 13 janvier 1896, qui établit sa commission sur un autre Vincent à 10 francs – ce qui équivaut à un prix d'achat de 100 francs sa commission ayant été fixée à 10% – et propose la *Foire à Arles* pour 60 francs. Un enregistrement de Vollard, le numéro 3476, décrit «huile, *La foire à Arles.* Au loin on aperçoit une tache jaune représentant les arènes et un croquis de taureau». La trace de la vente à Fayet, s'il fut bien le client direct de Vollard, ne semble pas avoir survécu.

776. En 1901, la lettre qu'il adresse le 1er novembre à Paul Gauguin signale deux Van Gogh. Le premier est *Jardin de Daubigny,* F 776, déjà

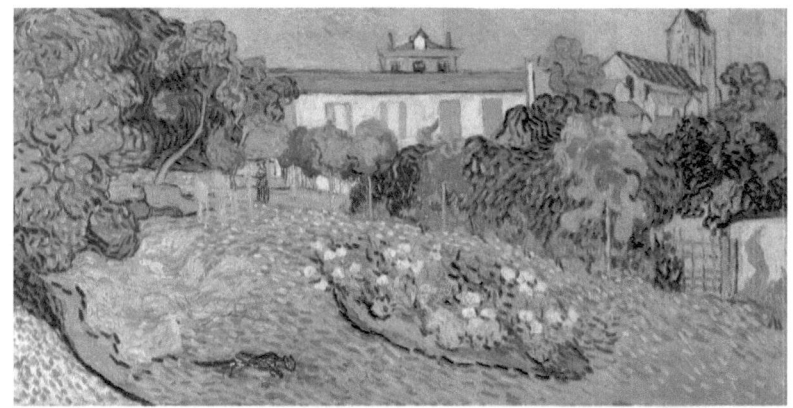

privé de son chat, dont on sait qu'il fut acheté par correspondance et dont le prix 1 000 francs fut négocié grâce à l'aimable entremise de son ami et collègue viticulteur Maurice Fabre quelques mois plus tôt.

Fleurs En revanche, une autre toile acquise auprès de Joseph Roulin, l'ancien postier ami de Vincent en Arles, par Vollard via Laget, marchandée de 100 à 80 francs, est revendue par Vollard à Fayet pour 140 francs le 4 juin 1899 avant d'être réglée à Roulin le 19 juin 1900. Son omission dans la lettre à Gauguin citée rend tout à fait improbable sa présence chez Fayet fin 1900. Elle aurait donc été revendue avant le début novembre 1901. Il y aurait bien une « solution » qui consisterait à dire que ces « fleurs » seraient les *Chardons* que Fayet possédera plus tard, mais elle n'est pas satisfaisante. Les *Fleurs* qu'avait Roulin étaient selon toute probabilité des fleurs offertes à l'occasion de la naissance de Marcelle Roulin, sa cadette née le 31 juillet 1888, peu après la rencontre entre Vincent et Roulin. Des *Chardons* ne semblent pas être un « bon » cadeau pour la naissance d'une petite fille. En outre, le relevé de Meier-Graefe de 1903 n'en signale pas chez Fayet, ce qui suggère une acquisition un peu postérieure, avant 1905, date à laquelle Fayet est prêteur de *Chardons*, F 447.

Sous toutes réserves, une toile de *Fleurs* susceptible d'avoir été offerte à Roulin et acquise par Fayet semble pouvoir être le *Bouquet dans un vase de Majolique* F 600, « *pot de majolique avec des fleurs sauvages* »[611] que Vincent signale à Theo le 20 mai 1888 et dont on ignore les premières années de l'historique avant son signalement chez Bernheim-Jeune, client et fournisseur de Fayet.

Le catalogue de la Faille signale le F 666a comme un tableau vu chez Fayet en 1907. Il ne semble pas possible de retrouver une quelconque trace d'acquisition, de cession, ni même d'enregistrement susceptible de le corroborer. Le tableau signé *Vincent* daté *89*, censé montrer des pivoines est trop mal fait pour penser qu'il s'agirait d'un Vincent et la date de 1889, au plus tôt fin mai si ce sont des pivoines, empêche en tout cas que ce soit le tableau vendu par Roulin à Vollard, les derniers contact entre Vincent et son ami datent d'avril 1889, date à laquelle Vincent n'a plus de raison d'offrir des fleurettes, ni n'a d'occasion pour.

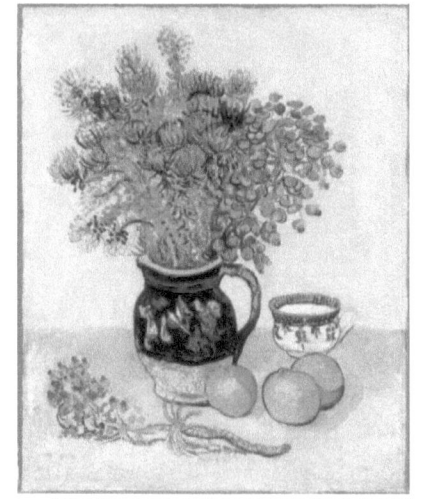

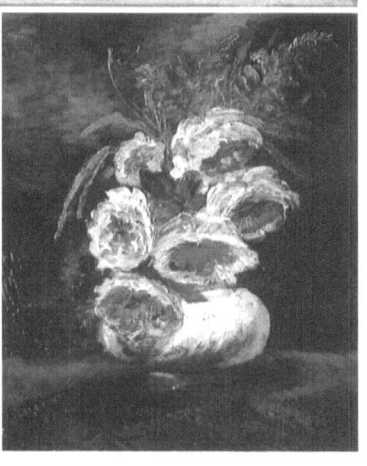

529. Le quatrième « Van Gogh » détenu par Fayet est l'*Homme à la pipe,* F. 529 un pastiche sans conviction peint par Schuffenecker qui s'amuse à moquer sa dupe dans le mot qu'il lui adresse en remerciement de ses 3 000 francs : « *c'est quelque chose de moi-même dont je me sépare.* » J'ai consacré assez de lignes à ce tableau réalisé d'après un pastel conservé au musée Van Gogh, pour ne pas y ajouter dans une revue des pièces de la collection Fayet. Rappelons simplement qu'il est muni d'une fausse provenance arrangée par Roland Dorn et Walter Feichenfeldt, et même falsifiée : « remonté d'Arles en 1896 ». Le prêt par Emile Schuffenecker en 1893 à une exposition parisienne où le tableau est photographié raconte une toute autre histoire pour ce « Van Gogh »

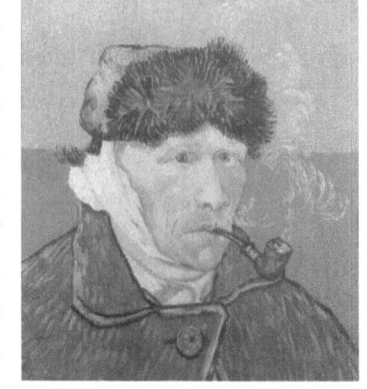

tombé du ciel. Dix ans plus tard, ravi, Fayet dont l'argent était le péché mignon, estimait ce Schuffenecker à 50 000 francs. Le « Van Gogh » le plus cher du monde, donc, ce qu'il était déjà lors de l'achat.

La trace suivante d'acquisition de « Van Gogh » par Fayet figure dans la lettre de Monfreid du 9 juin 1903 disant que Schuffenecker vend sa collection « Fayet lui a acheté deux Van Gogh dans le prix de 1200 frs, je crois. » Leur identification n'est pas donnée, mais il est logique de les chercher parmi les « six tableaux importants » non encore mentionnés que Meier-Graefe voit chez Fayet en 1903. Un *Jardin public* à Arles, *Les blés* Arles, *Soleil couchant sur les blés* et un *Champ de blé*.

559. Parmi ces quatre toiles, l'une d'elles, qui conserve d'abord le même intitulé, est identifiable, le *Champ de blé* référencé F 559. Il n'est pas raisonnable de penser qu'il s'agisse d'une toile peinte par

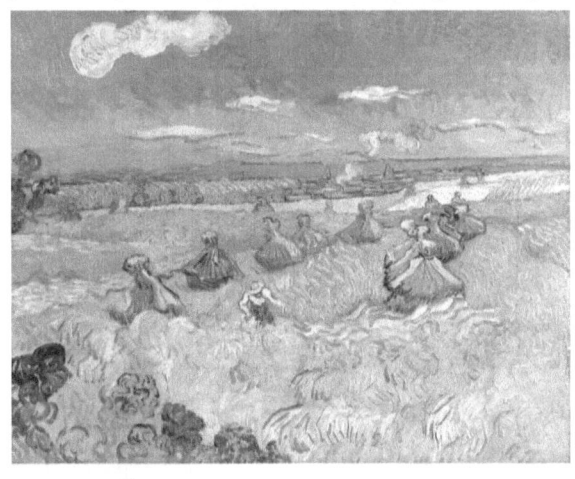

Vincent. Les notes de la dernière édition de la *Correspondance* pilotée par le musée Van Gogh signalent que cette toile – qui a dû (malgré les Alpilles dans le fond) être écartée de la production arlésienne ne tolérant que *sept toiles des blés* – a été rangée, en 2002, parmi les oeuvres de la période d'Auvers, ne convaincront que ceux qui souhaitent tenter de la sauver. Divers détails semblent avoir été négligés, dont la géologie. On ne trouve pas à Auvers de plaine alluviale plate, avec un village tassé (nécessairement sur le bord d'un cours d'eau), bordée d'une chaîne de montagnes assez éloignée pour être vue bleue.

La provenance « Johanna Van Gogh », fournie en 2002 par le musée Van Gogh « toile vendue à Emile Schuffenecker par Johanna Van Gogh en décembre 1900 » correspondant au *Champ de blé (moisson) T30*, n° 282 de l'inventaire est une divination d'oracle. Une précédente tentative, celle du catalogue révisé Jacob Bart de la Faille l'identifiant au *Landschap met maaier* (paysage avec faucheur) que Johanna Van Gogh avait montré sous le numéro 106 au Stedelijk museum d'Amsterdam en 1905 et qu'elle aurait ensuite vendue à Julien Leclercq, avait dû être abandonnée, Leclercq étant mort fin 1901.

Une dizaine de pages que je fournirai par ailleurs sont nécessaires pour remettre en cause le raisonnement qui a conduit à affirmer que cette toile est le champ de blé vendu par Johanna Van Gogh. Disons simplement ici que le raisonnement qui se fonde sur l'absence d'autre possibilité provient de la mise à l'écart... de solutions alternatives. Une *Moisson* est par exemple censée avoir été envoyée en 1894 par Johanna Van Gogh à Gauguin qui la lui avait réclamée. La demande n'est pas plus contestable que l'envoi, mais l'identification de la toile envoyée l'est. Gauguin dit que n'importe quel Vincent fera l'affaire et reçoit des toiles roulées. On ne saurait à la fois soutenir qu'une toile de moisson a été préalablement exposée par Johanna, donc montée sur châssis, puis été envoyée roulée.

L'existence d'une toile soeur déclassée en 1970, F 560, ne valide pas la toile de Toledo, mais la rend au contraire plus suspecte, du fait des anomalies relevées. Confiés à Eugène Druet par Fayet pour ses expositions de 1908 et 1909, les «blés arlésiens d'Auvers» resteront dans la collection de Fayet jusqu'à sa mort. Il seront chez le marchand Georges Wildenstein en 1934 et passeront l'année suivante au *Museum of Art* de *Toledo*.

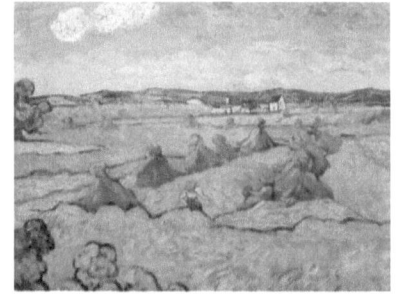

479. La seconde toile que Daniel de Monfreid dit achetée par Fayet à Schuffenecker en 1903 ne semble pouvoir être (toujours si l'on s'en tient à ce que signale Meier-Graefe en 1903) que le *Jardin public* F 479 que Fayet conservera toute sa vie. Il n'y a pas d'autre trace de *jardin public* dans sa collection.

Ce tableau, dont Schuffenecker a réalisé une petite copie, avait été acheté deux années auparavant à Johanna Van Gogh. Le musée Van Gogh n'a pas su identifier cette toile dans son édition du livre de compte de Johanna Van Gogh en 2003 et a affecté l'enregistrement de la vente à un autre *Jardin public* vendu à Julien Leclercq. La même erreur est commise par Walter Feilchenfeldt dans son catalogue compilant les historiques de certaines oeuvres de la période française. Le tableau n'a pas non plus été montré par Leclercq avec les oeuvres de sa collection exposées chez Bernheim en 1901. Il s'agit de l'une des toiles de la série du *Jardin du poète* peinte par Vincent en octobre 1888 et achetée comme «*Parc*»,

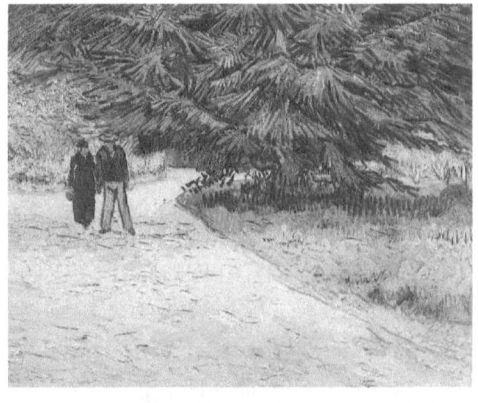

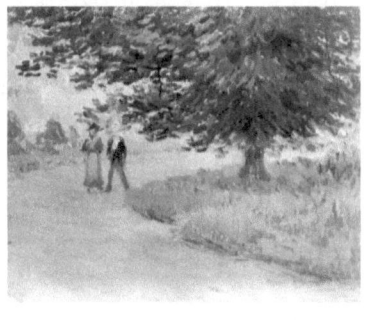

elle figure dans la Liste A.B. sous le numéro 118 *Promenade publique* (parc) T. 30.

Faire ainsi correspondre deux toiles venues de Schuffenecker à celles signalées par Monfreid fait surgir un nouveau problème. Deux des trois toiles de blés – *Les blés* Arles, *Soleil couchant sur les blés* (Arles) et *Champ de blé* – signalées par Meier-Grafe dans la collection Fayet ne correspondent à aucune des toiles qui auraient été un jour la propriété de Fayet. L'entrée et la sortie *incognito* de la collection Fayet contraignent à ajouter deux toiles au nombre total de «Van Gogh» ayant un jour appartenu à cette collection.

Soleil couchant 628 ?

Il n'existe, comme «soleil couchant sur les blés» en Arles que deux toiles montrant la ville. Le F 545 qui se trouvera chez Auguste Rodin, à laquelle une provenance «fille de Julien Tanguy» a été affectée. Cette affectation est en tout cas sujette à caution, puisque, selon d'autres sources, cette toile figurerait dans l'inventaire des oeuvres appartenant à Theo «*AB: 217 Moissonneurs près d'Arles T.20*». On voit mal à quel titre elle serait passée à

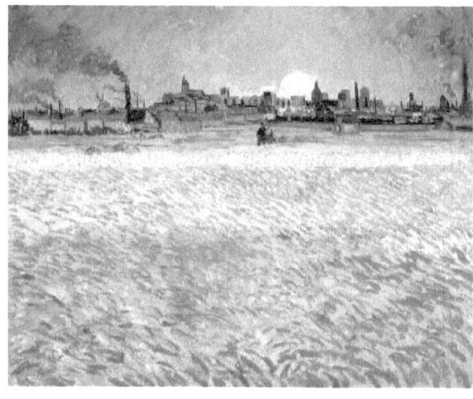

Tanguy sans enregistrement. Tanguy touche une commission sur les ventes, il n'est pas de raison de lui faire de cadeaux. L'autre *coucher de soleil sur les blés* arlésien connu F 465 est plus radicalement écarté encore, il est vendu par Johanna Van Gogh en 1903 et restera chez Lodewijk Enthoven jusqu'en 1920.

Il ne s'agissait donc pas d'un coucher de soleil arlésien authentique de Van Gogh. Cela laisse deux solutions, soit le tableau est un faux arlésien disparu, soit il s'agit d'une oeuvre d'une autre période. La période d'Auvers ne pouvant fournir de réponse, il faut chercher

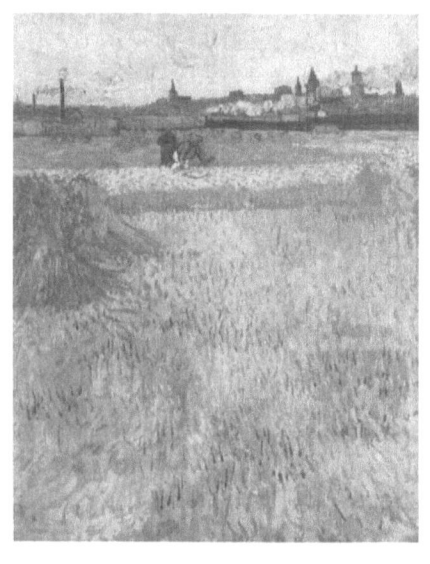

dans celle de Saint-Rémy. Un seul coucher de soleil sur des blés étant «disponible» les autres étant repérés avec sûreté ailleurs à la même

époque, il faudrait penser au tableau F 628, la réplique réduite (34 x 42) du F 717 que possédait Schuffenecker, aujourd'hui à la fois disparu et rejeté. Il avait été acheté par la *Nationalgalerie* de Berlin et avait servi d'étalon pour écarter les faux de la collection Otto Wacker avant d'être confisqué par les

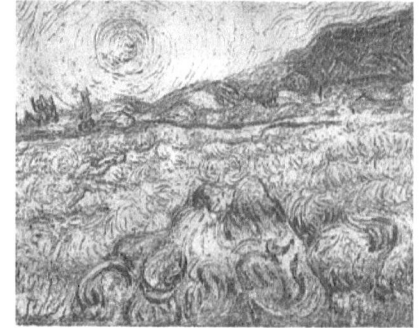

nazis. Selon le brouillon de Jacob Baart de la Faille la toile a appartenu à « André » – erreur pour *Auguste* – Bauchy en 1902, autre client et ami de Schuffenecker. Il est aussi reproduit par Eugène Druet, autre client et ami de Schuffenecker, cliché n° 2948, pris fin 1907-1908, date à laquelle il est en contact avec Fayet.

Blés Arles, 558 ?

La dernière toile de blés d'Arles qui aurait pu appartenir à Fayet et être vue par Meier-Graefe chez lui est une toile aujourd'hui référencée F. 558, qui, selon le musée Van Gogh (*Account book 2002*) et Walter Feilchenfeldt (*Years in France,* 2013), aurait été vendue à Willy Gretor par Johanna Van Gogh via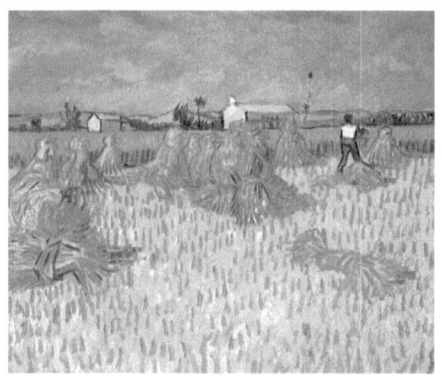
Julien Tanguy. Il est facile de montrer que cette provenance (contestée par d'autres auteurs) est fausse. Gretor n'a jamais possédé cette toile. Selon Walter Feilchenfeldt, Fayet la vend à une date non précisée à Bernheim. Rangée à tort parmi les blés arlésiens de Vincent. Ce n'est pas une toile authentique.

447. Une seule autre toile est vue chez Fayet avant 1905 des *Chardons*, F 447, qu'il prête alors à l'exposition des *Indépendants* et qui est photographiée par Eugène Druet. Son authenticité a été mise en cause en 2007[142], mais on trouve sa trace dans les lettres de Vincent, et ces *Chardons* ont nécessairement fait partie des échanges entre Arles et Pont-Aven. Walter Feilchenfeldt en déduit qu'Emile Bernard en a été le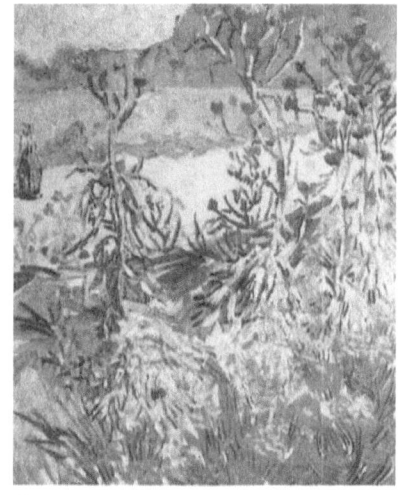

142. http://vangoghletters.org/vg/letters/let659/letter.html#n-6

propriétaire. La chose est erronée. Vincent envoyait ses études aux peintres du groupe dont faisaient partie Gauguin, Bernard, Charles Laval, Ernest Ponthier de Chamaillard et Henri Moret. Nous savons que Moret revendra cette peinture à Ambroise Vollard. La date de la vente par Vollard n'est pas connue, non plus que le nom de l'acquéreur. Fayet prêtera la toile à Druet en 1909 (16 du catalogue) avant de la lui céder en 1912.

Fayet ne va plus acheter de Van Gogh dans les années suivantes, mais en achètera quatre en 1908 et 1909 années où s'envole la cote des Van Gogh, dopée par une exposition de la Galerie Berheim (qui emprunte 100 toiles à Johanna Van Gogh) et deux expositions importantes de la galerie d'Eugène Druet.

419. Les *maisons blanches* F 419 que Fayet achète à son ami Maurice Fabre juste après l'exposition Druet de 1908 (8 du catalogue) est une des peintures exécutées par Vincent d'après des dessins pris lors de son séjour de quatre jours aux Saintes-Maries-de-la-mer à la fin

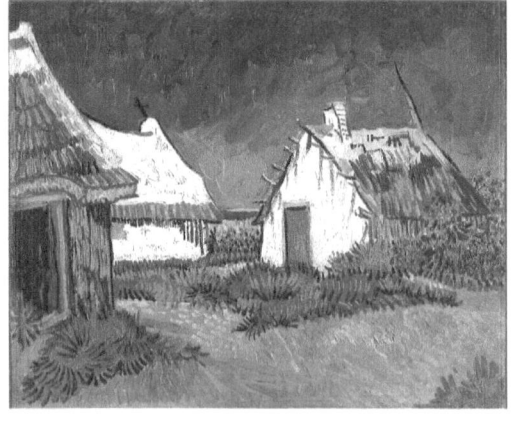

mai 1888. Fabre tenait en principe de Bernheim-Jeune cette «petite maison» que Meier-Graefe voit chez lui en 1903. Cette propriété n'est pas confirmée, mais il est certain que Willy Gretor a acheté cette *Chaumière* chez Tanguy en novembre 1891.

743. Fayet achète aussi, en 1908, la petite répétition (52 x 65), F 743, du *Cyprès dans un champ de blé* que Vincent avait peinte pour sa mère et sa soeur Wil. Le musée Van Gogh dit n'avoir pas de preuve que la toile ait jamais été remise à Wil, mais nous avons au moins la certitude que Vincent a demandé à son frère de la lui transmettre. Feilchenfeldt, qui soutient pour sa part qu'elle lui a été remise, voit en toute inconséquence cette toile comme l'*Esquisse de peupliers* de l'inventaire de Theo n°200. Si Wil l'a reçue, la toile n'est pas dans la liste A.B. Ce qui soutient une remise à Wil est l'absence de la collection de Johanna, mais aussi la présence à cette époque, parmi les oeuvres que Johanna vend, appartenant à Moe et à Wil (dont il faut régler les frais d'internement). Fayet conservera toute sa vie cette

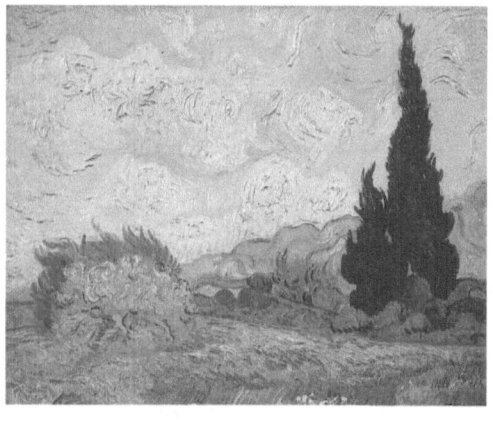

toile que lui vend Fénéon qui la tient, pour 2500 francs, de Johanna.

757. Copie de la *Pietà* d'après Delacroix, F 757, est remise à la mère et la soeur après la mort de Vincent probablement en raison de son sujet. Achetée 1500 francs, elle est cédée, en même temps que la précédente à Fayet, via Bernheim-jeune et possède, comme la précédente, un numéro «complémentaire» dans la liste de Johanna Van Gogh : 484 – contre 481, pour les *Cyprès*.

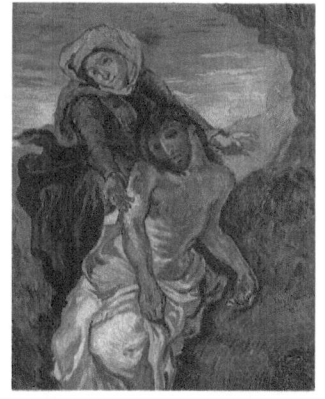

657. Les *Paveurs à Saint-Rémy* qui avaient été achetés à Johanna Van Gogh par Emile Schuffenecker fin 1900. *Boulevard à Saint Rémy* (inventaire n°176) est également censés être passé, début 1908, de la collection d'Amédée – devenu le marchand de son frère à partir de 1904 – à celle de Gustave Fayet où elle restera jusqu'à sa mort. Prêtée par Fayet, elle est exposée chez Druet en 1908, no. 12. Faute de traces, on ne peut exclure que cette toile soit passée plus tôt

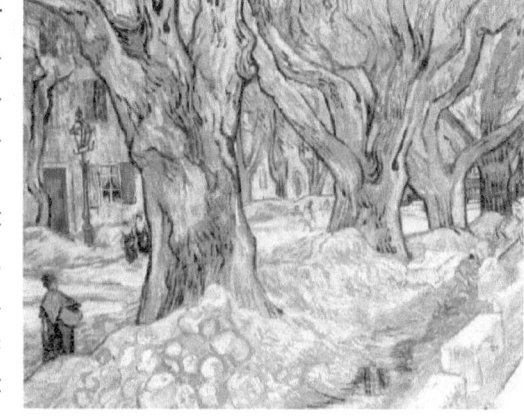

chez Fayet, mais il est hautement improbable que ce soit l'une des deux toiles venues d'Emile signalées par Monfreid en 1903, Meier-Graefe, n'aurait pas manqué de signaler cette toile de 30 parmi «toiles importantes» du recensement de la collection.

Pour ceux que les petits exploits de Schuffenecker amusent, il faut évoquer cette petite copie honnête, manifestement ancienne, aujourd'hui dans une collection privée parisienne. Elle pourrait fort bien être sortie de ses pinceaux.

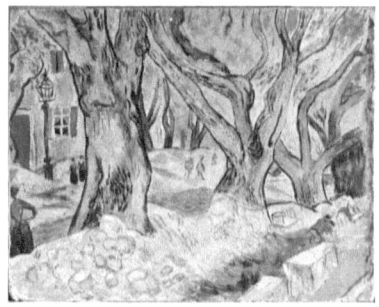

752. Magali Rougeot fait état d'une conférence donnée par Roseline Bacou, en 2008, dans la propriété familiale de l'abbaye de Fontfroide, à l'occasion de laquelle la petite-fille de Fayet signalait l'acquisition «en 1908» de : «*Les Marronniers en fleur d'Auvers*»[143] Une seule toile saurait correspondre à cette évocation par l'ancienne conservatrice des dessins du Louvre qui se promettant de décrire la collection de son grand-père empêchait tout accès à sa documentation.

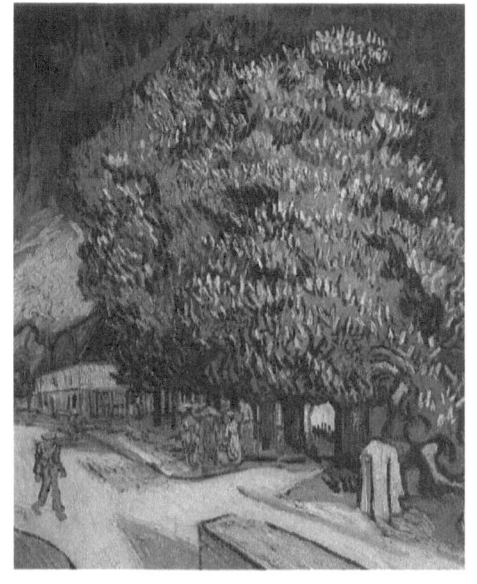

Si l'on écarte les *Branches de marronniers fleuris* de la collection Bührle fabriquées par l'atelier Gachet, F 820, vendues comme un «Van Gogh» par le fils du docteur aux Bernheim en 1912 et l'un des deux *Marronniers en fleurs* peints par Vincent peu après son arrivée à Auvers, F 752, que Johanna Van Gogh vend en 1910, ne subsiste, pour pouvoir correspondre à l'intitulé que F 751 qu'elle cède en 1905 au marchand

143. Voir Rougeot *op. cit.* p. 84, note 319

berlinois Paul Cassirer. La toile, qui se trouve en 1906 dans la collection d'Alexandre Berthier, prince de Wagram, jeune héritier Rothschild, bientôt en faillite d'avoir dilapidé, est ensuite photographiée par Eugène Druet en 1909 (cliché 6702) au coeur d'une série d'oeuvres appartenant à la galerie Bernheim-Jeune. Cela permet de préciser le segment absent des historiques proposés jusqu'ici : Wagram, Fayet, Bernheim, séquence précédant la cession, en 1909, à Samuel Fischer de Berlin.

La moitié des six «Van Gogh» venus des frères Schuffeneker, l'*Homme à la pipe*[529] et deux toiles de *Blés* «arlésiens» (558 et 559), seraient ainsi des faux.